인도의 대전환 총서 007

인도의 수수께끼

이 책은 2017년 정부(교육부)의 재원으로 한국연구재단의 지원을 받아 수행된 연구의 성과물임(NRF-2017S1A6A3A02079749).

This work was supported by the National Research Foundation of Korea Grant funded by the Korean Government (NRF-2017S1A6A3A02079749)

IIS 인도연구소

AMIR KHUSRAU
인도의 수수께끼

아미르 쿠스로 지음
이지현 옮김

HU:iNE

역자 서문

아미르 쿠스로(Amīr Khusrau, 1253-1324)는 최초의 힌디어 시인임에도 불구하고 중세 페르시아 문학의 대표 시인으로 손꼽히는 까닭에 페르시아어로 쓴 아미르 쿠스로의 궁정시, 수피 시는 페르시아 문학에서 충분히 연구되고 있지만, 이에 반해 쿠스로의 힌디어 시는 그렇지 못했다. 더욱이 당시 힌디어는 지배계층의 언어가 아니었기 때문에 그 가치를 인정받지 못했다. 하지만 쿠스로의 수수께끼 시 속에서 일상의 언어인 힌디어가 문학의 언어로 전환되는 과정을 통해 힌디어와 힌디어문학이 태동하게 되었음을 부정할 수 없을 것이다.

쿠스로가 활동하던 13세기는 힌디 문학이 태동하던 시기이다. 이 시기에는 지방 토후들을 중심으로 그 지역의 방언으로 쓰인 영웅 서사시 이외에도 다양한 문학 경향이 혼재되어 있었다. 힌디어의 전신인 어쁘

브란슈어가 여전히 사용되었고 불교, 자이나교 그리고 밀교인 싯드(Siddh)와 나트(Nath)의 문학도 하나의 흐름을 만들고 있었다.

쿠스로 역시 페르시아어로 궁정시나 수피시를 쓰는 것 이외에도 힌디어로 새로운 형식의 시를 시도했다. 당시 인도 지배계층의 언어였던 아랍-페르시아어, 터키어 그리고 대중들의 언어였던 힌디어 등 이들의 의미와 형태를 변형시켜 만든 동음이의어를 이용해 수수께끼를 만들었다. 물론 수수께끼는 새로울 것이 없으나 쿠스로는 수수께끼라는 대중적인 형식을 통해 그들의 흥미를 이끌어냈다. 비록 그 시대 쿠스로의 힌디어 수수께끼가 문학사적으로 주요 흐름을 이끌지는 못했지만 지배 계층을 위한 문학이 아니라 모두가 즐길 수 있는 문학을 시작했다는 점에서 매우 의미가 있다. 더욱이 쿠스로의 힌디어 수수께끼 속에는 예술성과 오락성이 잘 결합되어 있어 문학적으로도 높게 평가받고 있다. 이는 단순히 한 시대에 국한된 형식이나 주제가 아니라 모두가 즐길 수 있는 보편적 감수성을 기반으로 만들어졌기 때문에 13세기의 수수께끼라 할지라도 오늘날 독자들도 충분히 공감할 수 있으리라 보인다.

이 책에는 쿠스로의 힌디어 수수께끼 시 『뻬헬리』를 포함해 이를 변형해 만든 『무끄리』, 『도스쿠네』, 『니스바뜨』 중 고증이 이뤄진 시를 중심으로 선별해 번역했으며, 수수께끼를 충분히 이해하기 위해 인도의 사회, 문화적 배경을 담기 위해 노력했다. 감수를 맡아주신 한국외국어학교 인도어과·인도학과의 Arti Sing 교수, Nrusingha Charan Kar 교수, Omnath Bimali 교수는 고어를 해석하고 인도 문화와 연결시켜 이해하는데 도움을 주었다. 시간을 내어주신 교수님들께 다시 한 번 감사의 인사를 전한다. 동음이의어를 이용한 수수께끼들이 주를 이루다보니 역자의 능력 부족으로 번역 후 충분히 그 맥락이 전달되지 못한 것 같아 아쉬움이 남는다.

이 번역서는 한국외국어대학교 인도연구소가 수행하고 있는 인문한국 플러스(HK+)사업의 지원을 받아 출간하게 되었다. 이 번역서를 출간하게 도움을 주신 한국외국어대학교 인문한국플러스 사업단과 한국 연구재단과 출판을 맡아 주신 지식출판콘텐츠원의 이병철 선생님께 깊은 감사의 말씀을 드린다.

마지막으로, 고증이 충분하지 못해 더 많은 작품을 소개하지 못하는 한계가 있었으나 이 책을 시작으로 앞으로 태동기, 중세 힌디 문학에 대한 더 많은 연구가 이어지기를 바란다.

2019년 10월

역자 이지현

작가와 작품 세계

생애

아미르 쿠스로(Amīr Khusrau)의 본명은 아불 하산 야민 웃딘 쿠스로(Ab'ul Hasan Yamin ud-Din Khusarau)로 이후 자랄우딘(Jalal ud Din Firuz Khalji)에게 '아미르(Amīr)'라는 이름을 받아 필명으로 사용했다. 쿠스로는 1253년 오늘날의 웃따르 쁘라데쉬(Uttar Pradeś)의 빠띠얄리(Patiyali)에서 태어났다. 터키 군인이었던 아버지와 인도인 어머니 사이에서 사 남매 중 세 번째 아들로 태어나 아버지를 따라 수니파 무슬림의 일원으로 생활했다. 그러나 7살 무렵 아버지가 돌아가신 후 쿠스로의 어머니가 아이들을 데리고 델리 근처 본가로 거주지를 옮기면서 라즈뿌트(Rajput)였던 외가의 영향으로 쿠스로는 어린 시절 인도 사회의 전통과 문화 아래에서 자라게 되었다. 덕분에 쿠스로는 페르시아어, 터키어, 힌디어 등의 언어를 습득할 수 있었으며 문학적 재능

이 뛰어나 8살부터 시를 썼다고 전해진다. 첫 번째 시집은『어린 시절의 선물(Tuhfat us-Sighr, 1271년 출판)』로 16살(또는 18살) 무렵에 쓴 것이다. 외할아버지가 113세에 돌아가신 후 쿠스로는 그 지방 술탄 기야스 우딘 발반(Ghiyas ud-Din Balban)의 조카인 말리끄 차주(Malik Chajju)의 군대로 들어가면서 궁정시인으로서 삶을 시작하게 된다. 이후 1324년 생을 마감하기 전까지 인도의 소리 또는 인도의 앵무새(Tuti-e-Hind)라고도 불리며 궁정시인이자 수피시인 그리고 최초의 힌디어 시인으로서 수많은 작품을 남겼다.

작품 세계

쿠스로는 힌디 문학사에서 태동기(Ādikāl, 7-14세기) 시대 시인으로 최초로 카리볼리 힌디어로 시를 쓴 작가이다. 또한 궁정시인으로서 쿠스로의 대부분의 시는 페르시아어로 쓰였으며, 이후 중앙아시아의 여러 국가로 퍼져 나가 현재까지도 페르시아 문학에서 아미르 쿠스로의 작품이 활발하게 연구되고 있다. 그러나 쿠스로의 힌디어 작품은 많은 수가 소실되었거나 판본이 정확하지 않아 지금까지 힌디 문학사에서 쿠스로의 힌디어 작품에 대한 연구가 충분히 이뤄지지 않고 있다. 그 이유로 아미르 쿠스로 스스로가 힌디어로 쓴 시의 가치를 낮게 평가했다고도 하지만, 이보다는 무슬림 통치 시대에 힌디어에 관심을 두지 못했기 때문이라고 볼 수 있다. 아마도 피지배 계층의 언어로 쓰인 시를 보존하는 데 호의적이지는 않았을 것으로 보인다. 결국 쿠스로의 시는 대부분 구전으로 이어져 오고 있으며 고증이 부족해 아직까지도 작품의 수가 정확하게 파악되지 않고 있다. 주요 작품으로는 페르시아어로 쓰인 궁정시와 『캄사(Khamsa, quintet)』, 가잘 수피시, 『카리끄 바리(Kharik bari)』, 수수께끼 등 힌디어 작품이 있다.

1) 궁정시인

쿠스로의 초기 문학은 칸 무함마드(Khan Mūhammad), 자랄 웃딘(Jalal ūddīn), 알라웃딘 킬지(Allaūddīn Khiljī), 뚜글라끄(Tuglak) 등 왕을 위한 궁정시에서 시작된다. 쿠스로의 궁정시는 페르시아어로 쓰였으며 페르시아 문학적 관습을 따르고 있다. 외할아버지의 죽음 이후 왕실에 입성한 쿠스로는 시인으로서 주목을 받게 되었고, 1276년 기야스 우딘 발반의 두 번째 아들인 나시르(Nasir ud-Din Bughara Khan)의 후원을 받았다. 쿠스로의 두 번째 작품 『인생의 중간(Wast Ul-Hayat, 1279)』은 나시르가 벵갈의 통치사로 지내고 있을 때 벵갈에서 쓴 것이다. 이후 쿠스로는 델리로 돌아와 물탄(Multan)으로 들어갔다. 물탄은 당시 바그다드, 아라비아, 페르시아 등에서 온 학자나 상인들이 델리에 들어오기 전 머무는 곳으로 쿠스로는 그곳에서 지식과 정보를 공유하며 지식을 확장시킬 수 있었다.

1287년 발반의 사망 후 부그라의 아들이자 발반의 손자인 무즈우딘(Muiz ud-Din Qaiqabad)이 술탄의 왕이 되었다. 쿠스로는 1287

년-1288년까지 2년간 무즈우딘의 업적을 기록했으며, 1288년 첫 번째 마스나비 시『두 길조별의 만남(Qiran us-Sa'dain)』을 집필했다. 이 시는 부그라와 오랜 기간 적이었던 그의 손자와의 만남에 관해 쓴 것이다. 그러나 무즈우딘이 뇌졸중으로 죽은 후 그의 3살짜리 아들이 술탄으로 오르게 되자 아프간의 자랄우딘(Jalal ud-Din Firuz Khalji)이 델리로 쳐들어오면서 술탄의 맘룩(Mamluk) 왕조가 끝이 나고 칼지(Khalji) 왕조가 들어서게 되었다. 자랄우딘 역시 쿠스로의 시를 높게 평가했고 쿠스로에게 '아미르'라는 칭호와 함께 궁정시인(Muśaf-dar)으로서 시를 쓸 수 있게 해 주었다. 덕분에 쿠스로는 시를 계속해서 쓸 수 있었고, 궁중에서는 쿠스로의 가잘(ghazal) 시에 음악을 곁들여 매일 밤 공연을 했다고 한다. 가잘은 궁정시인들이나 수피시인들이 즐겨 사용한 페르시아 시 형식으로 남녀 간의 사랑 이야기를 주로 담고 있는 매우 서정적인 시이다. 자랄우딘은 쿠스로가 시인으로서 누릴 수 있는 최고의 환경을 만들어 주었다. 1290년 두 번째 마스나비 시『승리의 열쇠(Mifftah ul-Futuh)』전쟁에서 승리한 자랄우딘의 승전가를 노래했고, 그리고 1294년에는『최고로 완벽한 이(Ghuṛat ul-Kamāl)』를 썼다. 자랄우딘 이후 알라우딘(Ala ud-Din Khalji)가 왕위를 이어받았으며, 쿠스로는 1296년『승리의 보물(Mifftah ul-Futuh)』을 통해 알라우딘의 전쟁이나 건축물 등의 업적을 찬양했다.

1298년 발표된『캄사』는 다섯 개의 마스나비 시로 구성되어 있다.『캄사』는 지금도 문학적으로 매우 높게 평가받고 있으며, 초기 페르시아 서사시인 니자미 간자비(Nizami Ganjavi)의 것을 모방한 것으로 보인다. 『캄사』의 첫 번째 마스나비 시 『빛이 떠오르는 곳(Matla ul-Anwar)』은 3,310개의 운문으로 구성되어 있으며 윤리적이고 수피 철학과 관련이 있다. 그리고 두 번째 마스나비 시 『쿠르소 쉬린(Khusrau Śirin)』은 4,000개의 운문으로, 세 번째 마스나비 시 『사랑의 불꽃(Laila-Majnun)』은 사랑 이야기이며, 네 번째 마스나비 시에는 알렉산더 대왕의 영웅담이 4,500개 쓰여 있다. 마지막 다섯 번째 『여덟 개의 천국(Haśt-Bihiśt)』에는 사사니안(Sasanian) 제국의 다섯 번째 왕인 바흐람 5세(Bahram V)에 관한 영웅담으로 구성되어 있다.

1316년 알라우딘의 죽음 이후 꾸뜨부딘 무바라크 샤 칼지(Qutb ud-Din Mubarak Śah Khalji)가 델리의 술탄이 되었다. 쿠스로는『아홉 개의 하늘(Nuh-Sipihr)』 시로 무바라크의 업적을 그렸다. 『아홉 개의 하늘』은 9개의 장으로 구분되며 특히 세 번째 장에서 인도의 환경, 계절, 동식물, 문화, 학자 등 당시 인도의 생생한 모습을 기록으로 남겼다. 무바라크의 통치 기간 동안 쿠스로는『쿠스로의 기석(Ijaz-e-Khusravi)』이라는 다섯 권의 역사서와 1317년『순수의 결정(remamats of purity, Baqia-Naqia)』을, 1319년에는 니자무딘의 가르침을 담은 산문『최고의 축복(Afzal ul-Fawaid)』을 썼다. 1320년 무바라크가 쿠스로 칸(Khusrau Khan)에 의해 살해당하면서 칼지 왕조가 끝난다. 이후 쿠스로 칸은 잠깐 왕이 되지만 곧 기야스 알딘 뚜글라끄(Ghiyath al-Din Tughlaq)가 다시 뚜글라끄 왕조를 이끌게 되었다. 1321년 쿠스로는 뚜글라끄의 업적을 마스나비 시로 쓴 『뚜글라크의 책(Tughlaqs Nama)』를 썼다. 이처럼 아미르 쿠스로는 델리 술탄의 7개 이상의 왕과 함께 그들의 업적과 용맹을 기리는 시를 쓰면서 궁중시인으로서의 삶을 살았다.

2) 수피시인

인도는 오래전부터 페르시아 지역과 교류가 있었었다. 이와 함께 수피 사상이 인도에 유입되었으며, 수피시인들은 신비주의 사상과 함께 신에 대한 궁극적인 사랑을 노래했다. 1310년경 쿠스로는 수피 성자인 니자무딘 오울리야(Nizamuddin Auliya)와 가까워지면서 수피 사상에 영향을 받게 되었고 수피시를 쓰기 시작했다. 1325년 오울리야가 죽은 지 6개월 만에 쿠스로도 세상을 뜬다. 현재 쿠스로의 무덤은 델리의 니자무딘 다르가(Nizamuddin Dargah)에 오울리야와 함께 잠들어 있다.

쿠스로의 가잘은 수피 사상과 연관이 있다. 가잘은 궁정시인이나 수피시인들이 즐겨 사용한 시 형식으로 신과 인간의 관계를 남녀간의 사랑이야기에 비유하곤 했다. 그러나 쿠스로는 단순히 시적 아름다움이나 남녀 간의 사랑과 이별 노래에서 벗어나 자아와 신과의 합일을 이루기 위해 추상적이기 보다 실제적인 표현을 시도했다. 특히 쿠스로는 13세기 후반 페르시아, 아랍, 터키와 인도의 음악 전통을 섞어 까발리라는 음악을 만들었다. 까발리는 수피 찬송가로 꾸알(Qaul)은 아랍어로 '선지자의 말'을 의미하며 선지자의 말을 반복하는 것이 까발리이다. 지금까지도 쿠스로의 까발리는 인도와 파키스탄의 수피 천송가로 불리고 있다.

3) 최초의 힌디어 시인

쿠스로는 지배 계층을 위한 영웅 서사시나 수피시 이외에도 대중의 눈높이에 맞춘 새로운 형식의 문학을 시도했다. 쿠스로의 초기 힌디어 작품은 페르시아 문학과 완전히 구분되지 않았다. 힌디어 작품에 페르시아어가 혼용되기도 했고 가잘이나 각각의 행을 다른 언어로 쓰는 레크따(rekhta) 페르시아 문학의 영향도 보인다. 주요 작품으로는『카리끄 바리』와『빼헬리(paheli)』,『무끄리(mukri)』,『니스바뜨(nisbat)』,『도수크네(dosukhne)』그리고『다꼬슬레(dakosle)』등의 수수께끼 종류가 있다.

쿠스로의 힌디어 작품 중『카리끄 바리』는 힌디어-페르시아어-아랍어 어휘 중 동음이의어를 이루는 단어들을 찾아 신을 찬양하는 시이다. 쿠스로는『카리끄 바리』에 페르시아, 힌디, 아랍어, 터키어의 동일한 의미의 단어를 배열해 시를 썼으며, 대략 1,200개의 단어 중 480개의 단어는 페르시아어, 475개는 힌디, 236개는 아랍어, 4개는 터키어가 사용되었다.

쿠스로는 페르시아 시와는 달리 힌디 시에서는 감정의 내면을 관찰하기보다 언어유희로 시에 오락적 요소를 더했다. 오래전부터 대중 사이에 입에서 입으로 전해지고 있던 수수께끼를 다양한 형태로 변형시켰다. 글이 아닌 말로 전승되는 만큼 지배 계층보다는 민중적, 하층적 계층 문학의 성격을 가지고 있다. 입에서 입으로 전해졌기 때문에 쉽고 단순한 구조를 가지고 있으며, 구비문학 중 속담과 수수께끼는 다른 구비문학에 비해서도 묘사가 단순하다. 쿠스로의 수수께끼는 대중이 쉽게 접할 수 있고 익숙한 내용으로 구성되어 있다. 수수께끼의 경우 문학적으로 시와 형태가 유사하다고 볼 수 있으며, 은유를 사용해 함축적으로 표현한다. 언어적으로도 뛰어났던 쿠스로는 구어를 이용해 문법적인 규칙을 버리고 단어의 배열과 음보 통해 리듬을 구성했으며 때때로 운율을 위해서 어휘에 변형을 가하기도 했다.

아미르 쿠스로의 『빼헬리』는 수수께끼를 뜻한다. 쿠스로 시대 훨씬 이전부터 대중 사이에서 구전으로 내려오는 구비문학 중 하나로, 『무끄리』, 『도스쿠네』, 『니스바뜨』 등은 『빼헬리』의 변형된 형태이다. 쿠스로의 『빼헬리』는 두 종류로 나눌 수 있는데 시의 각각의 단어 속에 숨겨진 의미를 통해 답을 유추하는 유추 수수께끼(būjh paheliya)와 답을 찾기 위해 시의 전체적인 내용을 이해해야 하는 비(非)유추 수수께끼(binā būjh paheliya)로 나눠진다.

『무끄리』 빼헬리의 한 종류로, 여자 친구들끼리 문제를 내고 맞히는 형식이다. 『무끄리』의 모든 수수께끼는 '애인'과 연결되어 있으며, 마지막 행에 '애인이 아닌 그는?'을 반복하면서 애인(sājan)으로 유추되는 질문을 던진다. 애인과의 연결고리를 만들기 위해 『무끄리』에는 성적 표현이나 세속적인 표현이 등장하기도 한다.

『니스바뜨』과 『도수크네』 역시 『빼헬리』의 한 종류로, 동음이의어

18년 9월 방문한 델리 니자무딘에 위치한 아미르 쿠스로의 무덤 전경, 수피 성자인 니자무딘 오울리야와 함께 잠들어 있다.

를 이용해 답을 유추한다. 아랍-페르시아어, 터키어, 힌디어 등 단어의 의미와 형태를 이용해 답을 찾는 것으로, 아미르 쿠스로가 가장 선호했던 유형이다. 『니스바뜨』는 '비교와 관계'를 의미하며 동음이의어 관계에 있는 두 단어의 공통점을 찾는 것이다. 그리고 『도-수크네』에서 '수크네'의 의미는 '대화'로 두 가지 질문에 공통된 하나의 답을 찾는 것이다.

목차

빼헬리

पहेली

paheli̇̄

검은 피부와 수많은 이를 가진
나긋나긋한 여인
여인은 두 손으로 쿠스로를 끌어당기며
이리 오라 부른다네

श्याम वरन और दाँत अनेक
लचकत जैसे नारी
दोनों हाथ से 'खुसरो' खींचे
और कहे तू आरी।

śyām varan aur dānt anek
lackat jaise nārī
donoṃ hāth se khusro khiṃce
aur kahe tū ārī

활톱

आरी

ārī

이 수수께끼의 답은 활톱이다. 활톱은 활처럼 휘어진 톱의 대에 톱날을 끼운 것으로 단단한 목재를 자를 때 쓰인다.

쿠스로는 여성명사인 활톱을 여인에 비유하고 있다. 톱의 뾰족뾰족한 날을 치아로, 활 모양으로 휘어 있는 톱의 양쪽 손잡이를 여인의 양팔로 보고 톱질을 할 때 양방향에서 당기는 것을 여인이 두 손을 잡고 끌어당기며 유혹하는 것으로 묘사했다. 2행에서 나긋나긋한 여인으로 번역된 lackat(लचकत)는 잘 구부러지고 유동성이 있는 부드러운 것을 의미하며 긴 톱이 구부러지는 것을 말한다.

젊은 시절 모두의 사랑을 받았지만
나이가 들어 쓸모없어져 버렸네
쿠스로가 말해 준 그의 이름
의미를 생각해 봐, 마을을 버리지 말고

बाला था जब सब को भाया
बड़ा हुआ कुछ काम न आया
खुसरो कह दिया आसका नाँव
अर्थ करो नहीं छोड़ों गाँव

bālā thā jab sab ko bhāyā
baṛā huā kuch kām na āyā
khusro kah diyā āskā nāṃv
arth karo nahiṃ cho ṛoṃ gāṃv

등불
दिया
diyā

이 수수께끼의 정답은 등불이다. 쿠스로는 등불을 소재로 수수께끼 만드는 것을 즐겼다. 등이 밝게 비추었을 때 모두 등 아래로 모여들지만 시간이 지나 등불이 꺼져 버리고 나면 쓸모가 없어져 버리는 것을 사람이 젊었을 때와 나이가 들어 늙어 버렸을 때에 비유했다.

3행에서 그의 이름을 '말해 주다'에서 '주다'라는 의미의 힌디어 동사 denā(देना)의 완료 분사인 diyā(दिया)가 등불의 dīyā(दीया)와 동음이다. '말해 주다' 또는 '그의 이름을 등불(diyā)라고 했다'로 해석할 수 있다.

디왈리 등불: 인도의 가장 큰 축제 중 하나인 디왈리(빛의 축제)는 등불로 어둠을 몰아내 악한 기운을 쫓아내는 축제이다.
https://bh.wikipedia.org/wiki/%E0%A4%9A%E0%A4%BF%E0%A4%A4%E0%A5%8D%E0%A4%B0:Diwali_Festival.jpg

페르시아어로는 알 수 없고
터키어에는 찾을 수 없는
힌디어로는 부끄러운
쿠스로는 아무 말도 하지 않을 거라네

फारसी बोली आईना
तुर्की ढूँढी पाई ना
हिंदी बोली आरसी आए
खुसरो कहे कोई न बताए

phārsī bolī āīnā
turkī ḍhuṃḍhī pāī nā
hindī bolī ārsī āe
khusro kaha koi na batāe

거울

आरसी (दर्पण)

ārsī(darpaṇ)

이 수수께끼의 답은 거울이다. 쿠스로는 거울에 해당하는 페르시아어와 터키어, 힌디어 어휘의 동음을 이용해 수수께끼를 만들었다. 1행에서 페르시아어에서 '거울'을 의미하는 āīnā(आईना)를 변형해 힌트를 주고 있다. 힌디어의 '알다'라는 뜻을 가진 동사 ānā(आना)의 완료 분사 āī(आई)에 부정어 -nā(ना)를 결합해 '알지 못하다'라고 해석이 가능하며, 이것으로 페르시아어의 거울 āīnā(आईना)를 유추할 수 있다. 그리고 3행의 '힌디어로 부끄럽다'라고 해석한 ārsī(आरसी) 역시 힌디어 형용사 ār(आर)와 접미사 -sī(सी)를 합친 것으로, 우르두어의 '거울'인 남성명사 ārsī(आरसी)를 추측할 수 있다.

사막에 자라는 나무가
물 없이도 푸르르다네
물을 주었더니 말라 버리고 말았어
눈에 들어가면 앞을 볼 수 없게 되어 버리지

एक पेड़ रेती में होवे
बिन पानी ही हरा रहे।
पानी दिए से वह जल जाय
आंक लगे अन्धा हो जाए।

ek peṛ retī men hove
bin pānī hī harā rahe
pānī die se vah jal jāya
ānk lage andhā ho jāe

아끄나무

आक

āk

아끄나무는 주로 인도의 라자스탄 사막 지역에 분포되어 있다. 물 없이 자생하는 나무로 물을 주면 오히려 시들어 버린다고 한다.

인도의 아유르베다에서 약재로 사용되는 아끄나무는 흰색 꽃을 피우는 나무와 분홍색 꽃을 피우는 나무로 나뉘는데, 하나는 눈에 좋은 약재인 반면 다른 하나는 나무의 진액이 눈에 들어가게 되면 눈이 멀어 버리기도 한다.

<아끄나무 꽃>
https://commons.wikimedia.org/wiki/File:Giant_Calotrope_(323894340).jpg

여자에서 남자가 되어 버린 너
잠이 든 사이 너는 검은 피부가 되어 버렸네
골목골목 소리치고 다니며
좀 데려가세요, 좀 데려가세요, 여러분!

नारी से तू नर भई
और श्याम वरन भई सोय
गली-गली कूकत फिरे
कोइलो कोइलो लोय

nāri se tū nar bhaī
aur śyām varan bhaī soe
galī-galī kūkat phire
koilo koilo loya

검은 뻐꾸기 또는 숯

कोयल

koyal

이 수수께끼 정답 koyal(कोयल)은 두 가지로 해석할 수 있다. 하나는 검은 뻐꾸기이고 다른 하나는 숯koyalā(कोयला)으로 쿠스로는 유사한 발음을 이용해 검은 뻐꾸기와 숯의 특징을 설명하고 있다.

쿠스로는 숯을 만드는 과정을 수수께끼로 만들면서, 여성명사인 목재 lakṛi(लकड़ी)가 타 버리면 남성명사인 숯이 되는 것을 이용해 1행에서 여자에서 남자가 되어 버렸으며 목재를 검게 태워 숯이 된 것을 잠을 자고 나면 검은 피부로 바뀐다고 표현하고 있다. 3행의 koilo(कोइलो)는 '좀 데려가세요[koi-le-lo(कोई-ले-लो)]라는 뜻으로 숯을 만들어 팔 때에 골목에서 상인들이 파는 소리라고 볼 수도 있다. 일부에서는 꼬얄을 검은 뻐꾸기로 보고 '꼬이로 꼬이로'를 뻐꾸기의 울음으로 풀이하기도 한다. 인도에서 뻐꾸기가 울면 다른 쪽 뻐꾸기가 답을 한다고 생각하는데, 이 모습을 이쪽 골목에서 뻐꾸기가 울고 나면 다른 골목에서 뻐꾸기가 답을 하는 모습으로 보았다.

<검은 뻐꾸기 또는 숯>
https://commons.wikimedia.org/wiki/File:Asian_koel.jpg
https://commons.wikimedia.org/wiki/File:Charcoal-1.JPG

서 있으면서 누운
앉아 있으면서 누웠다고 말하는 이
쿠스로는 그를 멍청하다고 하지

खड़ी भी लोटा पड़ो भी लोटा
है बैठा ओर कहे हैं लोटा
खुसरो कहे समझ का टोटा

kharī bhī loṭā paṛo bhi loṭā
hai baiṭhā or kahe haiṃ loṭā
khusro kahe samajh kā ṭoṭā

물병
लोटा
loṭā

이 수수께끼의 정답은 물병이다. 쿠스로는 물병을 소재로 수수께끼를 많이 썼는데 다른 수수께끼에서도 키도 작고 뚱뚱하며 바닥에 드러누워 있기만 하는 게으르고 멍청한 사람으로 비유했다. 물병을 의미하는 loṭa(लोटा)는 '눕다'라는 의미를 가진 동사 loṭnā(लोटना)의 완료 분사와 동음을 이루며, 각 행의 마지막에 loṭa와 ṭoṭā와 같이 -ṭa를 반복해 운율을 만들었다.

인도에서는 물병의 모양에 따라 쓰임새가 다르고 이름도 다양하다. 특히 이 물병은 높이가 낮고 옆이 넓은 모양으로 지금도 많이 사용되고 있다.

<로따>
https://en.wikipedia.org/wiki/File:Metallic_lota.jpg

바람이 불면 몸이 불어나고
물을 마시면 생명을 잃어버리는
사랑스럽고 아름다운 여인
여인이 아닌 그 여인

पौन चलत वह देह बढ़ावै
जल पीवत वह जीव गंवावै
है यह प्यार सुन्दर नार
नार नहीं पर है वह नार

paun calat vah deh baṛhāvai
jal pīvat vah jīv janwāvai
hai yeh pyār sundar nār
nār nahiṃ par hai vah nār

불
नार(आग)
nār(āg)

이 수수께끼의 정답은 불이며 여성명사이다. 불을 붙이기 위해 바람을 불어넣으면 불이 커지는 것을 몸이 불어나는 것으로 그리고 불을 끌 때에 물을 붓는 것을 물을 마시면 생명력을 잃게 된다고 표현했다. 음식을 만들 때나 몸을 따뜻하게 유지해 줄 때 불은 인간에게 꼭 필요한 것이기 때문에 아름답고 사랑스러운 여인처럼 소중하게 여겼다.

<불>
https://ko.wikipedia.org/wiki/%ED%8C%8C%EC%9D%BC:Lewes_Bonfire,_discarded_torch.jpg

한 번에 다 정리해서
주인을 자기 머리 위로 모신다네
모두를 위해 일하는 그 여인
쿠스로는 보초로 임명되었지

एक बार जब बन कर आवे
मालिक अपने ऊपर बुलावे
है वह नारी सब के गौं की
ख़ुसरो नाम लिए तो चौकी

ek bār jab ban kar āve
mālik apne ūpar bulāve
hai vah nārī sab ke gauṃ kī
khusro nām lie to caukī

사각으로 된 낮은 탁자 또는 의자
चौकी
caukī

caukī(चौकी)는 나무나 청동 등으로 만든 사각으로 된 낮은 다리의 탁자를 말한다. 쿠스로는 여성명사인 caukī(चौकी)를 여인으로 비유했다. 우리와 마찬가지로 좌식 생활을 하는 인도에서 꼭 필요한 것이다. 이 탁자 위에 앉기도 하고 눕기도 하고, 뿌자를 드리는 등 다양한 용도로 사용된다. 쿠스로는 탁자 위에서 일을 하는 것을 주인을 자기 머리 위로 모시는 것으로 보았다. 마지막 행에서 쿠스로가 보초로 임명된 것은 보초 또는 경호, 경비를 의미하는 caukī(चौकी)와 의자 caukī가 동음이기 때문이다.

여기저기 둘러보고서
나는 안심할 수 있었지
알라의 침을 삼켰지만
맛이 느껴지지 않았어

घूम-घूम के आई है
और मेरे मन को भाई है
देखी है पर चाखी नहीं
अल्लाह की कसम खाई है

ghūm-ghūm ke āī hai
aur mere man ko bhāī hai
dekhī hai par cākhī nāhīṃ
allāh kī kasam khāī hai

해자

खाई(खंदक)

khāī(khandak)

해자를 의미하는 khāī(खाई)는 여성명사로 동물이나 외부의 침입을 막기 위해 만든 것이다. 과거에는 하천과 같은 자연지형을 이용하거나 성의 주변에 구덩이를 파고 거기에 물을 채우기도 했다. 쿠스로는 성 주변을 따라 만들어진 구덩이에 물이 흐르는 것을 사람이 여기저기 돌아다니는 것처럼 표현했으며, 해자가 있으면 적의 침입을 대비할 수 있기 때문에 안심 할 수 있다고 생각했다.

'알라의 침을 삼키다'는 인도에서 거짓말이 아니라 진실을 말하고 있다는 것을 강조하기 위해 사용되는 표현이다. '알라의 침'이 '진실을 말하다'라는 뜻으로 사용될 때에 '말하다'의 batānā(बताना) 또는 '먹다'의 khānā(खाना)' 동사와 함께 사용된다. 여기에서 쿠스로는 khānā(खाना)'의 완료 분사인 khāī(खाई)와 해자인 khāī(खाई)의 동음을 이용해 수수께끼의 답을 유추할 수 있도록 했다.

<께랄라 빨락까드 성(Palakkad Fort)의 해자>
https://hi.wikipedia.org/wiki/%E0%A4%9A%E0%A4%BF%E0%A4%A4%E0%A5%8D%E0%A4%B0:Palakkad_Fort_3.jpg

어느 사원의 문
모든 문으로 통하는 여인의 집
사이사이 생명수로 가득 찬 호수가 있는
이런 큰 성을 추측해 보시게

एक मंदिर के सहसर दर
हर दर में तिरिया का घर
बीच-बीच बाके अमरत ताल
बूझ है इनकी बड़ी महाल

ek mandir ke sahsar dar
har dar meṃ tiriyā kā ghar
bīc-bīc bāke amrat tāl
būjh hai inkī mahāl

벌집

महाल(शहर का छत्ता)

mahāl(śahar kā chattā)

이 수수께끼의 정답은 벌집이다. 오늘날 mahāl(महाल)은 작은 동네를 의미하는데, 여기에서 쿠스로는 벌집을 작은 마을에 비유했다. 벌집이 칸칸이 나누어져 있고, 그 중심에 여왕벌이 살고 있는 것을 모든 문으로 통한다고 말하고 있고, 벌집 안에 들어있는 꿀을 영생수가 가득 찬 호수라고 설명했다.

<벌집>
https://ko.wikipedia.org/wiki/%ED%8C%8C%EC%9D%BC:Polistes_May_2013-2.jpg

카시아 나무에서 내려온 한 여인
머리, 털, 다리가 있는
여인이 아닌 그 여인을
보러 가지 않을 것이라네

एक नार तर वर से उतरी
सर पर वाके पाँव
ऐसी नार कुनार को
मैंना देखन जांव

ek nār tar var se utarī
sar par vāke pāṃv
aisī nār kunār ko
maiṃnā dekhan jāv

메나(검고 푸른색의 새)

मैना

maināi

이 수수께끼의 정답은 메나라는 이름의 새이다. 메나는 인도 구관조로 몸길이 23센티, 몸무게 120-40그램 정도 크기의 검은 몸통에 노란색 부리를 가지고 있다. 사람의 말을 따라 할 만큼 영리하며 인도 신화에서 종종 메신저로 등장한다.

쿠스로는 여성명사인 메나 새를 나무에서 내려온 여인이라고 표현했다. 마지막 행에서 '나는 보러 가지 않을 것이라네'라고 해석되는 maiṃ-nā(मैं-ना, 나는 -아니다/없다/하지 않다)와 비슷한 발음을 이용해 메나 새를 유추할 수 있다. 여인(nār)이 여인이 아닌 이상한 모습(kunār, कुनार)의 여인이라 할지라도 굳이 보러 갈 필요가 없는 것은 인도에서 메나 새를 흔히 볼 수 있기 때문이다.

<메나 새>

나무에서 내려온 어떤 여인은 어머니가 낳지 않았다네
아버지의 이름을 물었지만 절반의 이름만 답할 뿐
절반의 이름은 어느 나라의 말일까?
물어도 이름을 답하지 않는 그 여인

एक नार तरूवर से उतरी माँ सो जनम न पायो
बाप का नाम जो वासे पूछयो, आधा नाम बतायो
आधा नाम बतायों खुसरो कौन देस की बोली
वाका नाम जो पूछा मैने, अपना नाँव न बोली

ek nār tarūvar se utarī māṃ so janam na pāyo
bāp kā nām jo vase pūchyo, ādhā nām batāyo
ādhā nām batayoṃ khusro kaun des kī bolī
vākā nām jo pūchā maine apnā nāṃv na bolī

님 나무 열매

तनबोली

nibolī

nibolī(निबोली) 또는 nibaurī(निबौरी)는 님 나무 열매이다. 님 나무는 미얀마나 방글라데시, 인도 등 남아시아 열대지역에서 자생하는 나무로 잎은 약재로도 쓰인다.

쿠스로는 여성명사인 님 나무 열매를 여인에 빗대어 나무에서 내려온 여인으로 묘사했다. 1행에서 어머니에게서 태어나지 않은 이유는 님 나무가 남성명사이기 때문이다. 3행에서 ādhā(आधा)는 우르두어로 '절반'을 뜻하는데, 역시 절반이라는 뜻을 가진 접두어 nīm(नीम)-을 이용해 정답을 유추할 수 있도록 했다.

<님 나무 열매>
https://ko.wikipedia.org/wiki/%ED%8C%8C%EC%9D%BC:Neem_seed.jpg

둥그런 라훙가를 입은 다리가 하나인 새색시
여덟 개의 팔, 선녀 같은 그녀의 모습
무슬림, 힌두, 끄샤뜨리야 모두가 그녀를 원한다네
생각해 보렴, 쿠스로가 낸 수수께끼를

घूम-घुमेला लहँगा पहिने, एक पाँव से रही खड़ी
आइ हाथ है, उस नारी के सूरत उसकी लगे परी
सब कोई उसकी चहा करे हैं, मुसलमान, हिन्दू, छत्री
खुसरो ने यह कही पहेली, दिल में अपने सोच ज़री

ghūm-ghumelā lahuṃgā pahine, ek pāṃv se rahi khaṛī
āi hāth hai, us nārī ke sūrat uskī lage parī
sab koi uskī cahā kare haiṃ, musalmān, hindū, chatrī
khusro ne yeh kahī pahelī, dil men apne soce zarī

차뜨리
छतरी
chatrī

오늘날 차뜨리는 주로 우산이나 천막을 말하지만 쿠르소 시대에 차뜨리는 비를 피하거나 그늘을 만들기 위해 네 개 또는 여덟 개의 기둥 위에 지붕을 올려놓은 것으로, 오늘날의 라자스탄 부근에 많이 남아 있다.

1행의 라홍가는 둥그런 모양의 치마로 사리와 달리 한 폭으로 만들어진 치마이다. 쿠스로는 동그란 지붕을 라홍가 치마가 둥그렇게 펴진 모습으로, 기둥을 여덟 개의 팔로 묘사했다.

<차뜨리>
https://sq.wikipedia.org/wiki/Skeda:Chabutaro_at_Sanskar_Kendra.jpg

스무 개의 머리를 잘랐지만
죽지도 않고 피를 흘리지도 않지

बीसों का सिर काट लिया
ना मारा ना खून किया

bīson kā sir kāṭ liyā
nā mārā nā khūn kiyā

손톱

नाखून

nākhūn

쿠스로는 손톱, 발톱 20개를 사람의 머리에 비유해 머리를 잘라도 죽지도 않으며, 피를 흘리지 않는다고 했다. 피를 뜻하는 khūn(खून)과 부정어 –nā(ना)가 합쳐지면 손톱을 의미하는 nākhūn(नाखून)과 동음이 된다.

우리 모두 그를 알지만
누구도 본 사람이 없는 그
여덟 개의 그 기도문을 외워도
근심이 있을 때에야 비로소 보이는 그

सब कोई उसको जाने हैं
पर एक नहीं पहचाने हैं
आठ धड़ी में लेखा हैं
फिकर किया उन देखा है

sab koi usko jāne haiṃ
par ek nahiṃ pahcāne haiṃ
āṭh dhaṛī meṃ lekhā haiṃ
phikar kiyā un dekhā hai

절대자

परमात्मा

paramātmā

절대자인 paramātmā(परमात्मा)는 최고를 의미하는 parama(परम)과 영혼을 의미하는 ātmā(आत्मा)가 합쳐져 만들어진 것으로 절대적인 능력을 가진 존재를 말하는데, 오늘날은 일반적으로 '신'을 의미한다. 인간은 신의 존재는 알고 있지만 그 누구도 신을 직접 확인한 사람은 없다. 쿠스로는 오직 근심과 걱정이 있을 때에야 그 존재에게 의지하는 것을 지적하고 있다.

소를 숭배하는 나라, 힌두교의 나라라고 알려져 있지만 실제 인도에는 다양한 종교가 함께 공존하고 있다. 쿠스로 시대에는 이슬람 문화가 혼재되어 있던 시기로 힌두 이외에도 이슬람의 수피즘과 자이니즘, 싯트(siddh), 나트(nāth)와 같은 밀교 등 다양한 사상이 유행하기도 했다. 이들의 사상은 힌두교에 영향을 미쳤으며 특히 이슬람의 일원론적 신관은 당시 남인도에서 북인도 전체로 퍼져나간 박띠 사상이 발전하는데 영향을 주었다.

남자에게서 태어난 여인
모두가 사랑하는 그 여인
어떤 사람은 그 여인을 먹어 버리지만
먹어도 배부르지 않는 쿠스로

नर से पेदा होवे नार
हर कोई उस से रखे प्यार
एक ज़मना उस को खावे
खुसरो पेट में वह न जावे

nar se pedā hove nār
har koi us se rakhe pyār
ek zamnā us ko khāve
khusro peṭ meṃ vah na jāve

햇볕
धूप
dhūp

수수께끼의 정답은 햇볕이다. 힌디어 dhūp(धूप)는 햇빛보다는 햇볕에 가깝다. 여성명사인 dhūp는 남성명사인 태양(surya)에서 발생한 것으로 쿠스로는 '남자에게서 태어난 여자'라고 표현했다.

3행에서 '여인을 먹는다'는 것은 햇볕을 쬐는 것을 의미한다. 우리가 한여름 더위에 지쳤을 때 '더위 먹다'라고 표현하는 것과는 달리 인도에서는 겨울철 몸을 녹이기 위해서 햇볕을 쬐는 것을 '햇볕을 먹는다'(dhūp khānā, धूप खाना)고 말한다.

지혜롭다고 말하는 그 여인은
어리석은 사람을 곁으로 부르지 않지
지혜로운 사람이 손을 대면
그 여인은 네게 전부를 보여 준다네

एक नार चातर कहलावे
मूरख को ना पास बुलावे
चातर मर्द जो हाथ लगादे,
खोल सतर वह आप दिखा दे

ek nār cātar kahlāve
mūrakh ko nā pās bulāve
cātar mard jo hāth lagāde
khol satar vah āp dikhā de

책

किताब

kitāb

이 수수께끼의 정답은 책이다. kitāb은 페르시아어이며 여성명사이다. 쿠스로는 지혜가 담겨 있는 책을 지혜로운 여인으로 묘사했다. 어리석은 사람은 책을 멀리하지만 책을 가까이하고 읽을 수 있는 사람은 지혜로운 사람이라고 생각했다.

신이 한 사람을 만들었다네
몸을 주었고 생명의 씨를 뿌렸지
자기 나라를 버리고 이방인이 되어
그렇게 끝나 버렸지

बिधना ने एक पुरुख बनाया
तिरिया दी और नीर लगाया
चूक भई कुछ वासे ऐसी
देस छोड़ भयो परदेसी

bidhnā ne ek purukha banāyā
tiriyā dī aur nīr lagāyā
cūk bhaī kuch vāse aisī
des choṛo bhayo pardesi

아담

आदमी , आदम

ādmī, ādam

이 수수께끼의 정답은 성경에 등장하는 최초의 인간인 아담이다. 페르시아어의 ādam 또는 ādmī는 '남자', '사람'이라는 뜻으로 힌디어에 차용되어 지금도 사용되고 있다.

쿠스로의 작품 '아홉 개의 하늘'에 최초의 인간이었던 아담이 선악과를 따먹고 에덴동산에서 쫓겨나는 내용이 담겨 있다. 쿠스로는 아담이 떠나온 곳이 인도이고, 아름다운 꽃과 곡식이 가득한 곳, 즉 페르시아를 이상향으로 묘사하고 있다.

우물 안에 사는 한 여인
벌판에 흐르는 그녀의 눈물
누군가 그녀의 눈물에 맞서 보았지만
다시 가지지 못한 생의 희망

एक नार कुँए में रहे
वाका नीर खेत में बहे
जो कोई वाके नीर को चाखे
फिर जीवन की आस न राखे

ek nār kuṃe meṃ rahe
vākā nīr khet meṃ bahe
jo koi vāke nīr ko cākhe
phir jīvan kī ās na rākhe

검

तलवार

talwār

이 수수께끼의 정답은 검으로, 무기로 사용하는 긴 칼이다. 힌디어인 talwār(तलवार)는 여성명사이며, 쿠스로는 여인으로 묘사하고 있다. 칼집을 깊고 끝이 보이지 않는 우물처럼 묘사하면서 검을 그 안에 사는 여인으로 수수께끼를 만들었다. 대결 중에 검에 피가 묻어 흘러내리는 것을 여인이 눈물을 흘리는 것처럼 그렸고, 대결 이후 죽음을 맞이하는 것을 생의 희망을 가질 수 없다고 표현했다.

궁중시인이었던 쿠스로는 전쟁터에서 승리하고 돌아온 왕의 용맹스러운 모습을 찬양하는 시를 쓰기도 했다. 무굴제국이 들어서기 이전 인도는 수많은 소왕국들로 분열되어 있었고 전쟁이 끊이지 않았다. 당시 많은 왕이나 지방 토후들은 궁중시인들을 후원했다. 궁중시인들은 때때로 왕이나 토후들과 함께 전쟁에 참여하기도 하면서 그들의 업적을 기록하거나 용맹스러운 모습을 찬양하는 시를 썼다.

<검>
https://ko.m.wikipedia.org/wiki/%ED%8C%8C%EC%9D%BC:Training_cutlass-IMG_1112-a-white.jpg

앞에는 언니가
뒤로는 오빠가
이를 드러낸 채 오시는 아버지
부르까(무슬림 여자들이 쓰는 것)를 뒤집어쓴 어머니

आगे-आगे बहिना आई
पीछे-पीछे भइया
दाँत निकाले बाबा आये
बुरका ओढ़े मइया

āge-āge bahinā āī
pīche-pīche bhaiyā
dāṃt nikāle bābā āye
burkā oṛhe maiyā

옥수수

भुट्टा

bhuṭṭā

이 수수께끼의 정답은 옥수수이다. 쿠스로는 옥수수를 한 가족에 비유했다. 옥수수의 껍데기를 벗기면 나오는 옥수수 알들을 이를 드러낸 아버지로, 껍질에 싸여 있는 옥수수는 부르까를 쓰고 있는 어머니로 묘사했다.

<부르까 쓴 여인>
https://pl.wikipedia.org/wiki/Plik:Woman_walking_in_Afghanistan.jpg

검은 피부의 한 여인
이마 위에 놓인 것을 쓰다듬지
이 수수께끼를 푸는 사람이 하는 말은
개가 하는 말

स्याम बरन की है एक नारी
माथे ऊपर लागै प्यारी
जो मानुस इस अरथ को खोले
कुत्ते की वह बोली बोले

syām baran kī hai ek nārī
māthe ūpar lāgai pyārī
jo mānus is arath ko khole
kutte ki vah bolī bole

눈썹

भौं

bhauṃ

이 수수께끼의 정답은 눈썹으로 여성명사이다. 쿠스로는 여인이 눈썹을 매만지고 정리하는 것을 보고 이마 위에 놓인 것을 사랑스럽게 쓰다듬고 있다고 표현했다.

힌디어로 눈썹을 bhauṃ(भौं)이라고 하는데 인도에서 개 짖는 소리와 발음이 유사하기 때문에 쿠스로는 '보웅'이라고 이 수수께끼의 답을 하는 것을 개가 짖는 것이라고 했다.

다가올 때 어두움을 가져오고
떠나갈 때에는 모든 행복을 가져가 버리지
그가 어떻게 지내는지 내가 어떻게 알 수 있을까?
그대로를 보렴

आवे तो अंधेरी लावे
जावे तो सब सुख ले जावे
क्या जानूँ वह कैसा है
जैसा देखो वैसा है

āve to andherī lāve
jāve to sab such le jāve
kyā jānuṃ vah kaisā hai
jaisā dekho vaisā hai

눈
आँख
āṃkh

이 수수께끼의 정답은 눈이다. 눈을 감게 되면 앞을 볼 수 없기 때문에 어두워진다. 그리고 잠에서 깨어 눈을 뜨면, 꿈속에서 즐거웠던 일들이 사라져 버리기 때문에 행복을 가져가 버린다고 표현하면서 마치 연인과 만나고 이별하는 것처럼 묘사하고 있다.

1299년 쿠스로는 어머니와 형을 같은 주에 잃었다고 한다. 그때 쿠스로는 슬픔 속에서 어머니와 형이 꿈속으로 찾아오길 바라는 시를 남기기도 했다.

진주 알 한 가득 담긴 쟁반
머리 위로 뒤집어도
사방에 뒤집힌 쟁반에서
한 알도 떨어지지 않는 진주

एक थाल मोती से भरा
सबके सिर पर औंधा धरा
चारों ओर वह थाली फिरे
मोती उससे एक न गिरे

ek thāl motī se bharā
sabke sir par auṃdhā dharā
cāroṃ or vah thālī phire
motī use ek na gire

하늘

आसमान

āsmān

정답은 하늘이다. 쿠스로는 하늘을 올려다보았을 때 빛나는 해, 달, 별을 빛나는 진주라고 생각했고, 밤하늘에 진주 알이 가득 담긴 접시가 뒤집혀 있다고 보았다.

쿠스로는 자연이나 우주와 같은 천문학에 관심이 많았다. 쿠스로는 델리의 물탄에서 외부에서 온 학자들과 상인들을 접하면서 새로운 사상을 받아들일 수 있었고, 천문학을 접할 수 있었던 것으로 보인다. 시를 쓸 때 천문학에서 많은 소재를 얻었으며, 쿠스로의 작품 '아홉 개의 하늘'에 인도의 기후와 자연, 천문에 관한 내용을 쓰기도 했다.

마술을 부리는 한 남자가
밤을 잡아다 철창 안에 넣었지
뱀이 기름을 먹어 치워
기름이 말라 버리면 뱀도 죽어 버리겠지

एक नार ने अचरज किया
साँप मार पिंजरे में दिया
ज्यों-ज्यों साँप ताल को खाए
ताल सूखे और साँप मर जाए

ek nār ne acraj kiyā
sāṃp mār pinjare meṃ diyā
jyoṃ-jyoṃ sāṃp tāl ko khāe
tāl sūkhe aur sāṃp mar jāe

초의 심지

दिये की बत्ती

diye kī battī

이 수수께끼의 정답은 등 안에 든 심지이다. 등잔 안에 심지가 꼬여 있는 모습을 철창 안에 뱀을 가두어 놓은 것으로 비유했다. 등불의 기름을 다 써 버리고 불이 꺼지는 것을 쿠스로는 뱀이 기름을 다 먹어 버리는 것으로, 기름이 말라 불이 꺼지는 것을 뱀이 죽어 버렸다고 표현했다.

<등불의 심지>

새하얀 몸에 의지해
하나의 생각에 집중한다
사두의 모습을 한
완전한 탐욕 덩어리

उज्जवल बरन अधीन तन
एक चित्त दो ध्यान
देखन में तो साधु है
पर निपट पाप की खान

ujjaval baran adhīn tan
ek citt do dhyān
dekhan meṃ to sadhu hai
par nipat pāp kī khān

왜가리

बगला

baglā

이 수수께끼의 정답은 왜가리이다. 한 다리로 서 있는 왜가리를 사두(Sadhu, 수행자)가 명상을 하면서 수행하는 모습으로 묘사했다. 힌두교와 자이나교 등 종교적 금욕주의자를 사두라고 한다. 이들은 세속적 즐거움을 멀리하고 산 속에 은둔하면서 금단과 고행을 통해 신과 하나가 되기를 기도한다. 일반적으로 사두들은 최소한의 의복을 갖추고 있는데, 힌두 사두는 주황색, 자이나 사두는 나체이거나 흰색 옷을 입고 있다. 때로 사두들은 특별한 요가 자세나 행위를 통해 고행을 하기도 한다.

쿠스로는 흰색 왜가리가 한 다리를 들고 있는 모습을 보면서 요가 자세로 수행하고 있는 사두를 떠올렸고, 흰 옷을 입고 성스러운 채 수행하는 이면의 모습을 탐욕스러운 왜가리로 묘사했다.

<왜가리> <힌두 사두>
https://ko.wikipedia.org/wiki/%ED%8C%8C%EC%9D%BC:Ardea_cinerea_EM1B6310_(32537479024).jpg
https://commons.wikimedia.org/wiki/File:(A)_Sadhu_in_Varanasi,_India.jpg

어떤 지혜로운 사람이 알아챈 비밀
푸른 것을 철창에 넣고
마술사의 마술을 보라
들어간 것은 푸른색, 나온 것은 붉은색

एक गुनी ने यह गुन कीना
हरियल पिंजरे में दे दीना
देखा जादूगर का हाल
डाले हरा निकाले लाल

ek gunī ne yeh gun kīnā
hariyal pinjare meṃ de dīnā
dekhā jādūgar kā hāl
ḍhāle harā nikāle lāl

빤
पान
pān

이 수수께끼의 답은 빤으로 씹는 담배의 일종이다. 비탈 후추(betel pepper) 잎에 여러가지 열매와 향신료를 추가해 씹는다. 인도에서는 주로 식사 후에 씹는데, 길가 노점에서 쉽게 구할 수 있다. 빤을 씹고 뱉으면 나뭇잎과 향신료들이 한데 엉켜 붉은색으로 변해 있다. 쿠스로는 이것을 푸른 잎을 넣고 붉은 것이 나오는 마술사의 마술로 보았다.

<빤>
https://en.wikipedia.org/wiki/File:Cold_Sweet_Paan_-_International_Kolkata_Book_Fair_2013_2013_-_Milan_Mela_Complex_-_Kolkata_2013-02-03_4260.JPG

같은 피부색을 가진
어느 여인의 두 아들
하나는 돌아다니고, 다른 하나는 가만히 있지만
늘 함께인 두 아들

एक नारि के हैं दो बालक
दोनों एकहिं रंग
एक फिरे एक ठाढ़ा रहे
फिर भी दोनों संग

ek nāri ke hai do bālak
donoṃ ekhiṃ raṃg
ek phire ek ṭhāṛhā rahe
phir bhī donoṃ saṃg

맷돌
चक्की
cakkī

이 수수께끼의 정답은 맷돌이다. 인도 역시 맷돌을 이용해 곡물을 갈아 음식을 만들었다. 지지하고 있는 아랫돌은 고정되어 있고 윗돌을 돌리면서 곡식을 갈아 내는 것을 돌아다니는 한 아들과 가만히 있는 두 아들이 연결되어 있다고 수수께끼를 만들었다.

<맷돌>
https://ko.wikipedia.org/wiki/%ED%8C%8C%EC%9D%BC:Korean_traditional_device-metdol.jpg

동서남북 사방의 열여섯 공주
세 남자의 손에 팔리고 말았지
삶과 죽음을 그와 함께하지만
공주는 절대 함께 잠들지 않을 거야

चारों दिशा की सोलह रानी
तीन पुरुख के हाथ बिकानी
मरना-जीना उसके साथ
कभी न सोवें वह एक साथ

cāroṃ diśā kī solah rānī
tīn purukh ke hāth bikānī
marnā-jīnā uske sāth
kabhī na soveṃ vah ek sāth

쪼우사르 게임
चौसर
causar

쪼우사르(Causar) 게임은 오래된 인도 전통 놀이 중 하나이다. 네 방향으로 십자가 모양의 판을 만들고 세 명의 참가자가 거기에 16개의 돌을 굴린다. 쿠스로는 16개의 돌을 공주에 비유하면서 돌을 굴려 땅을 따는 과정을 마치 전쟁에서 죽고사는 것으로 묘사하고 있다.

신화에 따르면 빠르와띠가 자신의 목걸이를 끊어 남편인 쉬바 신과 함께 즐긴 것에서 쪼우사르 게임이 시작되었다고 전해진다. 인도의 산스크리트 대서사시인 마하바라타에 쪼우사르 게임이 언급되어 있다. 꾸루 왕족의 왕권을 두고 쪼우사르 게임을 한다. 빤다브 다섯 형제는 백 명의 꼬라브 형제의 계략에 넘어가 자신의 나라와 재산 그리고 아내를 걸게 되는데, 이 게임에서 진 빤다브 형제는 자신의 왕국에서 쫓겨나는 굴욕을 당하고 만다.

<쉬바와 빠르와띠의 쪼사르 게임(메트로폴리탄 뮤지엄 오브 아트)>
https://www.metmuseum.org/art/collection/search/37942

내가 이야기 하나 들려줄게
들어 보렴, 나의 아들아
목에 실을 묶은 채
다리도 없이 훨훨 날아가 버렸단다

एक कहानी मैं कहूँ
तू सुन ले मेरे पूत
बिना पेरों वह उड़ गया
बाँध गले में सूत

ek kahānī maiṃ kahūṃ
tū sun le mere pūt
binā peroṃ vah uṛ gayā
bāṃdh gale meṃ sūt

연
पतंग
pataṃg

이 수수께끼의 정답은 연으로, 쿠스로는 연에 묶인 실을 목에 실을 감은 채 날아가는 것으로 수수께끼를 만들었다. 연의 어원인 **pata**는 날아다는 것을 의미하며, 나뭇잎을 뜻하는 patta 역시 나무에서 떨어진 나뭇잎이 날아다니는 것에서 유래했다.

인도에서는 겨울이 시작되면 길에서 연을 날리는 사람들을 쉽게 볼 수 있다. 매년 1, 2월이면 북인도 지역에서 연 축제도 열린다.

<연>
https://commons.wikimedia.org/wiki/File:Kite_(31140077).jpeg

알록달록 아름다운 색을 가진 어떤 짐승이
맞지도 않고 울고 있네
머리에는 세 개의 왕관을 쓴 채
아무 말 없이 잠들었지

एक जानवर रंग-रँगीला
बिन मारे वह रोवे
उसके सिर पर तीन तिलाके
बिना बताये सोवे

ek jānvar raṃg-raṃgīlā
bin māre vah rove
uske sir par tīn tilāke
binā btāye sove

공작새
मोर
mor

공작새는 화려한 색과 큰 깃털로 우아하게 움직이지만, 울음소리는 맞았을 때 지르는 비명이라고 말할 만큼 시끄럽다. 전 세계에서 인도에 가장 많이 분포되어 있다는 공작새는 1963년 인도의 국조로 지정되었다. 산스크리트어로는 mayūr(मयूर)라고 하며, 문학뿐만 아니라 고대 인도 사원에 있는 그림이나 조각 작품에서 자주 등장한다. 크리슈나의 머리에 공작새의 깃털을 꽂기도 하는데, 이것은 쉬바의 동력자인 공작새의 모습을 한 전쟁의 신 kārtikeya(कार्तिकेय)을 나타낸다.

<공작새>
https://commons.wikimedia.org/wiki/File:Peacock_(6964635758).jpg

힌디어로는 여자
페르시아어로는 남자
불에 타지 않지만
스스로 타 버리는 것

हिंदी में नारी कहें
फारसी में नर कहलाए
अगन तो नेड़े नहीं
पर आप से जल जाए

hindī meṃ nāri kaheṃ
pharsī meṃ nar kahlāe
agan to neṛe nahiṃ
par āp se jal jāe

강

नदी(दरिया)

nadī(dariyā)

힌디어로 강 nadī(नदी)는 여성명사이며 페르시아어 dariyā(दरिया)는 남성명사이다. 4행에서 동사 jalna(जलना)는 '(불에) 타다' 또는 '마르다'라는 뜻을 가지고 있으며, 동사 jalna(जलना)의 어간 jal(जल)-과 의미 조동사 jānā(जाना)가 결합해 '타 버리다' 또는 '말라 버리다'라고 해석이 가능하다. 여기에서는 건기에 강의 물이 말라 버리는 것을 의미한다.

<갠지스 강>
https://hi.m.wikipedia.org/wiki/%E0%A4%9A%E0%A4%BF%E0%A4%A4%E0%A5%8D%E0%A4%B0:Haridwar_Ganga_6.JPG

겉은 하나의 색이지만
속은 얼룩덜룩
달콤한 말을 하는
낯선 이

ऊपर से एक रंग हो
और भीतर चित्ती दार
सो प्यारी बातें करें
फिकर अनोखी नार

ūpar se ek raṃg ho
aur bhītar cittī dār
so pyārī bāteṃ kareṃ
phikar anokhī nār

수파리 열매

सुपारी

supārī

인도에서 수파리 열매는 빈랑자(betel nut)라고 하며, 갈색 껍질 안에 흰색과 짙은 갈색이 섞인 열매이다. 주로 동남아시아, 남아시아에서 서식하는데 설사나 피부병, 두통에 효과가 있다고 알려져 있다. 인도에서는 이 열매를 빤에 넣어 씹기도 하는데 약간의 각성 성분이 있다.

<수파리 열매>
https://commons.wikimedia.org/wiki/File:Betel_nuts3.jpg

햇볕으로 모든 것을 말릴 수 있지만
나를 말리는 것은 오직 그늘
나는 그것을
빠시가 오지 않았다고 말하지

सब चीजों को धूप सूखाती
लेकिन मुझ को छाया
मुझ को वही बता सकता है
जिसे पसीना आया

sab cījoṃ ko dhūp sūkhātī
lekin mujh ko chāyā
mujh ko vahī batā saktā hai
jise pasīnā āyā

땀
पसीना
pasīnā

이 수수께끼의 정답은 땀이다. 햇볕은 젖은 것을 말릴 수 있지만 사람에게는 땀이 나게 할 뿐이다. 땀을 말리기 위해서는 그늘이 필요하다. pāsī(पासी)는 북인도 지역의 달리트 계급으로, '빠시가 오지 않다'에서 pāsī nā-와 땀 또는 땀을 흘리다, 라는 뜻의 동사 pasīnā (पासीना)는 동음이다.

한 여자에게 다가가는 그 남자는
검은 얼굴을 거꾸로 한 채
가슴에 상처를 참고서
마음속의 말을 한다네

एक नारी में जब नर जावे
काला मुंहकर उल्टा आवे
छाती घाव अपने सहे
मन के वचन कर आय कहे

ek nārī meṃ jab nar jāve
kālā muṃhkar ulṭā āve
chātī ghāv apne sahe
man ke vacan kar āya kahe

펜 잉크

कलम दवात

kalam dwāt

이 수수께끼의 정답은 펜에 넣는 잉크이다. 잉크는 여성명사이고 펜은 남성명사(여성명사도 가능)이다. 펜을 세워 둘 때는 펜촉이 바로 서 있지만 글을 쓰기 위해 펜촉을 거꾸로 뒤집어 잉크에 적신다. 이것을 쿠스로는 검은 얼굴을 한 남자가 거꾸로 다가간다고 표현하고 있으며, 글로 쓰는 것을 마음속의 말을 하는 것이라 생각했다.

하나하나 연결된
그것을 모두 세어
친구, 여인 그리고 학자들로부터
모두에게 보내려무나

दाना दाना नाते में,
सब का लेखा खाते में
कर यारी वा नारी से
हर को भजो विचारी से

dānā dānā nāte meṃ
sab kā lekhā khāte meṃ
kar yārī wā nārī se
har ko bhajo vicārī se

말라

माला

mālā

mālā는 일반적으로 목걸이나 팔찌와 같은 구슬을 꿰어 만든 장신구뿐만 아니라 불교나 카톨릭에서 기도할 때 사용하는 염주나 묵주도 여기에 속한다. 힌두교에서도 동그란 구슬을 연결해 만든 구슬을 하나하나 세면서 기도문을 외곤 하는데 구슬이 24 또는 108개 이상이어야 한다고 한다. 기도문을 욀 때에 검지로 목걸이를 만져서는 안 되며 다른 사람의 것을 사용해서는 안 되고, 기도하는 신에 따라 다른 종류의 목걸이를 사용한다.

<기도용 말라>
https://en.wikipedia.org/wiki/File:Japa_mala_(prayer_beads)_of_Tulasi_wood_with_108_beads_-_20040101-01.jpg

무슬림은 잘 알고 있지
힌두의 화신인 그
수행도 뿌자도 하지 않고
사람을 잡아먹는다는 것을

मुसलमान के बहतर समझे
हिन्दू के अवतार
तपस्या करे ना हर भजे
मानस खावे मार

musalmān ke bahtar samajhe
hindū ke avatār
tapasyā kare nā har bhaje
mānas khāve mār

사자
शेर
śer

힌두는 사자를 신의 화신 중 하나로 믿고 있지만, 무슬림에서 사자는 단지 짐승 중 하나일 뿐이다. 쿠스로는 사자를 화신으로 믿는 힌두에게 사자는 수행을 하거나 뿌자를 하는 성스러운 존재가 아니라 사람을 잡아먹는 짐승일 뿐이라고 말하고 있다.

힌두교에서 사자는 비슈누의 화신이다. 비슈누는 세상을 수호하는 신으로 다르마를 지키기 위해 세상이 창조되었을 때부터 멸망의 날까지 24개 화신으로 존재한다고 믿는다. 나르싱(narsinh, नरसिंह)은 반은 사람이고 반은 사자의 형태를 하고 있다. 다르마를 어지럽히던 히란야까슈야쁘(hiranhyakaśyap, हिरण्यकश्यप)를 죽이기 위해 비슈누 신은 나르싱의 모습으로 나타났다.

<나르싱>
https://commons.wikimedia.org/wiki/File:%E0%A4%A8%E0%A4%B0%E0%A4%B8%E0%A4%BF%E0%A4%82%E0%A4%B9.jpg
https://en.wikipedia.org/wiki/File:Lakshmi_narasimha_swamy_idol.jpg

화려한 옷을 입은 채 수줍게 말하던 그녀
비가 오지 않는 계절에 내리던 비
믿을 수가 없었다네
행복한 날 왜 울고 있었을까?

बनी रंगीली शरम की बात
बे मौसम आई बरसात
यही अचम्भा मुझ को आए
ख़ुशी के दिन क्यों रोती जाए

banī ragīlī śaram kī bāt
be mausam āī barsāt
yahī acambhā mujh ko āe
khuśī ke din kyoṃ rotī jāe

신부
दुल्हन
dulhan

쿠스로는 인생에서 가장 행복해야 할 결혼식 날, 집을 나서며 슬퍼하는 새색시가 우는 모습을 보고 비가 오는 것으로 묘사하고 있다.

인도의 결혼식에서 여인은 붉은색 사리를 입고 화려한 장신구로 자신의 인생에서 가장 아름답게 꾸민다. 최근까지도 연애결혼보다는 과거 우리와 마찬가지로 카스트와 다른 여러 조건에 맞추어 집안 간의 결혼이 이루어지고 있다. 신부가 신랑 측에 지불하는 결혼 지참금 제도는 지금까지도 암묵적으로 이어져 오는 악습으로 시골에는 딸이 태어나면 죽이는 일이 벌어지기도 한다.

수 많은 여자와 한 명의 남자
마을 밖 그들의 집
거친 피부와 부드러운 살결
입에 달콤함과 따뜻함이 가득하지

दस नारी का एक ही नर
बस्ती बाहर वाका घर
पीठ सख़्त और पेट नरम
मूँह मीठा तासीर गरम

das nārī kā ek hī nar
bastī bāhar vākā ghar
pīṭh sakht aur peṭ naram
mūṃh mīṭhā tāsīr garam

멜론
खरबूजा
kharbūjā

멜론은 남성명사이다. 껍데기에 그어진 줄은 여성명사이며 쿠스로는 멜론을 수 많은 여자와 한 명의 남자로 표현했다. 딱딱한 껍질 속의 부드러운 사람의 거친 피부와 부드러운 속살에 비유했다.

멜론은 북아프리카, 중앙아시아와 인도가 원산지이다. 서아시아에서 야생종이 발견될 만큼 인도에서 흔히 볼 수 있는 과일 중 하나이다. 오이과 과일로 수분이 많아 더운 여름철 수분을 보충하는 데 도움을 주는 과일이지만 열이 많아 많이 먹었을 때 배탈을 유발한다고 한다.

<멜론>
https://commons.wikimedia.org/wiki/File:Melon_Sugar_Baby_Matisse-9953.jpg

알록달록 매듭을 지어 묶은
남자를 보았지
남녀 모두 가지고 있는 이것
이 줄을 뭐라고 말할까?

गाँठ गठीला रंग रंगीला
एक परख हम देखा
मरद इस्तरी इसको रखें
इसका क्या कहूँ लेखा

gāṃṭh gaṭhīlā raṃg raṃgīlā
ek parakh ham dekhā
marad istarī isko rakheṃ
iskā kyā khuṃ lekhā

목걸이

कंठा

kaṃṭhā

목걸이를 의미하는 kaṃṭhā(कंठा)는 다양한 색깔의 구슬이나 금, 진등 보석을 꿰어 만든 장신구이다. 구슬을 꿰어 만든 장신구인 mālā와 비슷하지만 특별히 목에 걸 수 있는 장신구를 kaṃṭhā 또는 kaṃṭhā mālā라고 말한다. 때로는 옷의 깃 부분에 붙이는 장식이나 새, 가축의 목을 매는 목줄을 의미하기도 한다.

꽃이 먼저 피고
시들면 열매가 열리는 것
꽃 속에 무엇이 들어 있는지
친구여, 너는 아니?

आगे लगे फूले फले
सींचत जावे सूख
मैं तोहि पूछौं ऐ सखी
फूल के भीतर रूख

āje lage phūle phale
sīncat jāve sūkh
maiṃ tohi pūchauṃ ai sakhī
phūl ke bhītar rūkh

석류

अनार

anār

석류는 인도에서 흔히 볼 수 있는 과일 중 하나로 열대지방에서 주로 서식한다. 꽃이 먼저 피고 다음에 꽃의 아랫부분이 열매로 바뀌게 된다. 쿠스로는 석류꽃이 두툼하게 열매로 바뀌는 것을 꽃 속에 무엇인가 넣어 둔 것이라고 보았다.

<석류꽃>
https://commons.wikimedia.org/wiki/File:%EC%84%9D%EB%A5%98%EB%82%98%EB%AC%B4%EA%BD%83.jpg

물로 빚어내고
물로 흐트러져 버리는
뭉그러진 것을 가져다 불을 지펴라
그러면 불멸의 것이 될 테이니

जल से गाढ़ों थल धरो
जल देखे कुम्हिलाय
लाओ बसुन्दर फूँक दें
तो अमरबेल हो जाए

jal se gāṛhoṃ thal dharo
jal dekhe khumhilāya
lāo basundar khuṃk deṃ
to amarbel ho jāe

벽돌

ईंट

īṃṭ

이 수수께끼의 정답은 벽돌로, 쿠스로는 벽돌을 만드는 과정을 수수께끼로 설명하고 있다. 진흙에 물을 붓고 벽돌을 빚지만 물을 많이 넣게 되면 망가져 버린다. 그리고 불로 구워 내면 벽돌이 된다. 벽돌로 만든 건물이 무너지지 않는 것을 불멸의 존재로 설명하고 있다.

인도에는 무굴제국 시대에 지어진 수많은 건축물이 지금까지도 잘 보존되어 있으며 예술적, 역사적으로 가치가 높게 평가되고 있다.

<델리의 랄낄라>

<자이푸르의 하와 마할>

우유에 주고
다히로 받는 것

दूध में दिया
दही से लिया

dūdh meṃ diyā
dahī se liyā

발효 효소

जामन, खट्टा

jāman, khaṭṭā

다히(dahī)는 인도에서 먹는 요거트 종류이다. 우유에 효소를 넣어 발효시키면 다히가 된다. 인도에는 랏씨, 라히따, 다히 등 우유를 발효시켜 만드는 음식이 많다.

인도에는 고대부터 소를 숭배했다. 단순히 소가 신성한 존재이기보다 소의 다양한 쓸모 때문일 것이다. 소에서 나오는 것 중 우유, 다히, 기(기름), 소의 오줌과 똥, 이 다섯 가지를 인도에서는 paṃcgavya(पंचगव्य)라고 말한다. 이 다섯 가지는 고대 인도 의학서인 아유르베다에도 언급되며 약으로 쓰일 만큼 인도인들에게 중요한 식재료였다.

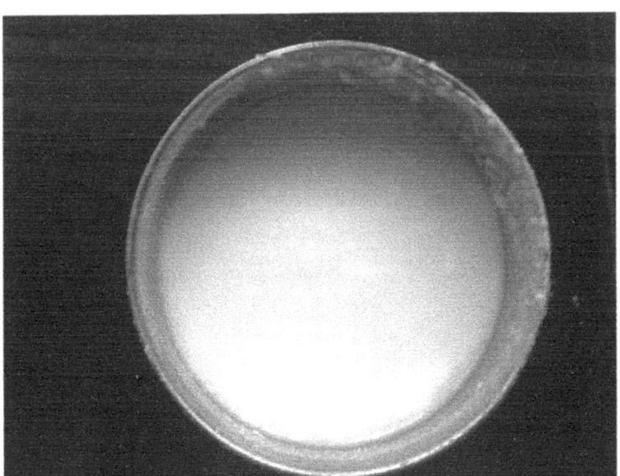

<다히>
https://commons.wikimedia.org/wiki/File:Curd_in_steel_bowl.jpg

모였을 땐 남자
흩어지면 여자
금과 같은 색깔을 가진 이
곰곰이 생각해 봐

मिला रहे तो नर रहे
अलग होय तो नार
सोने का-सा रंग है
कोई चतुर बिचार

milā rahe to nar rahe
alag hoya to nār
sone kā-sā raṃg hai
kai catur bicār

짜나 콩

चना

canā

힌디어에서 짜나 콩은 남성명사이다. 짜나 콩이 한데 모여 있을 때에는 남성명사인 짜나 콩이지만, 음식을 만들기 위해서 커리와 함께 짜나 콩을 넣어 끓이면 여성명사인 '달'이 된다.

짜나 콩은 우리가 흔히 병아리콩으로 알고 있는 노란색 콩으로 주로 중앙아시아 지역에서 자라고 있다. 인도에서는 주로 커리 가루와 렌틸콩을 끓여 만드는 달(dāl, दाल)에 넣어서 먹기도 하고, 볶아서 소금이나 마살라와 같은 향신료를 첨가해 간식으로 먹기도 한다.

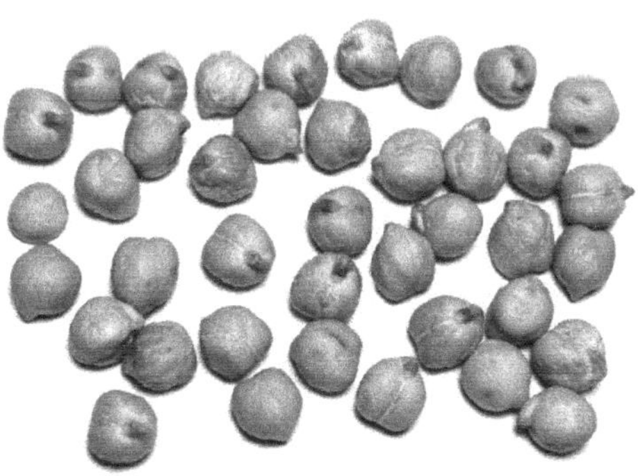

<짜나 콩>
https://bh.m.wikipedia.org/wiki/%E0%A4%9A%E0%A4%BF%E0%A4%A4%E0%A5%8D%E0%A4%B0:Chickpeas_2.jpg

안쪽도 천, 바깥쪽도 천
그 사이에서 뛰고 있는 심장
아미르 쿠스로가 말하기를
손가락 두 마디씩 앞으로 나아가는 그것

भीतर चिलमन बाहर चिलमन
बीच कलेजा धड़के
अमीर ख़ुसरो यों कहें
वह दो-दो अंगुल सरके

bhītar cilman bāhar cilman
bīc kalejā dhaṛake
abhīr khusro yoṃ kaheṃ
vah do-do añgul sarake

가위
कैंची
kaiṃcī

쿠스로는 가위로 천을 자르는 모습을 수수께끼로 만들었다. 잘리는 천이 위아래로 나뉘는 것을 쿠스로는 안팎에 천이 있다고 표현했다. 가위로 자를 때 쓱싹쓱싹 규칙적으로 나는 소리를 심장이 뛰는 소리로 비유했으며, 가위로 천을 자를 때 일정하게 앞으로 움직이는 것을 손가락 두 마디씩 앞으로 나아간다고 했다.

태워서 만든 것
불 속에 사는 것
쿠스로가 말하기를
눈을 보렴

जल कर उपजे
जल में रहे
आँखों देखा
खुसरो कहे

jal kar upaje
jal meṃ rahe
āṃkhoṃ dekhā
khusro kahe

까잘

काजल

kājal

까잘은 인도 여성들이 화장용으로 눈가에 바르는 검은 가루로 과거에는 납 황화물을 태워 만든 가루를 이용했다. 까잘은 눈을 더 아름답게 보이기 위해서 인도에서 아주 오래전부터 사용해 왔다. 쿠스로는 이 답을 맞히기 위해서 눈을 보아야 한다고 말한다.

까잘은 여성의 아름다움을 위한 16개 중 하나이다. 16개에는 여성의 이마에 찍는 빈디(बिन्दी), 꽃다발처럼 아름답게 땋은 머리(gazrā, गज़रा), 결혼한 여성의 이마 중간에 찍는 띠까(ṭīkā, टीका), 그리고 기혼 여성의 머리 가르마 사이에 바르는 붉은 가루(sindūr, लसन्दुर), 눈가에 바르는 검은 가루 까잘(kājal, काजल), 결혼 이후 망갈수뜨라가 쓰인 목걸이(maṃgal sutra aur hār, मंगल सूत्र और हार), 결혼식에 입는 붉은색 옷(lāl rang kā kapḍe, लाल रंग का कपड़े), 손과 발에 그리는 메헨디(mehendī, मेहंदी), 금이나 은으로 된 장신구(bājūband, बाजूबंद), 코걸이(nath, नथ), 귀걸이(kānon ke kunḍal, कानों के कुंडल), 결혼식 이후에 입는 화려하게 장식된 옷(cūdr!iyāṃ yā kaṃgan, चूड़ियाँ या कंगन) 등이 있다.

과거에는 여성뿐만 아니라 남성도 나이 불문하고 까잘을 사용했다. 화장의 목적 이외에도 인도처럼 더운 지역에서는 남녀 모두 강렬한 햇빛으로부터 눈을 보호하기 위해서 사용하기 시작했을 것으로 추정되며 까잘을 바르면 눈병을 예방한다고도 믿었다.

창을 들어 올릴 수 있는
검은 피부의 한 여인
둘 그리고 열, 다시 스물과 만난다
단 한 번에

सूली चढ़ सकत करे
श्याम वरन इक नार
दो से दस से बीस से मिले
एक ही बार

sūlī caṛh sakat kare
shyām waran ik nār
do se das se bīs se mile
ek hī bār

양치 파우더

दांत की मिस्सी

dāṃt kī missī

이 수수께끼의 정답은 이를 닦을 때 사용하는 가루를 말한다. 이를 닦을 때 앞니부터 구석구석 닦다 보면 스무 개의 치아를 만나게 된다.

당시 치아와 잇몸을 검게 칠한 여성은 직업 여성을 의미하는 것으로 특정한 날이 되면 검은색의 파우더를 치아에 바르고 자신의 순결을 팔았다. 이를 쿠스로는 검은 피부의 여인이 여러 명의 남자를 만나는 것처럼 수수께끼를 만들었다.

그물을 뒤집어 쓴 머리
텅 빈 배
하나하나 떨어진
갈비뼈를 봐

सर पर जाली
पेट से खाली
पसली देख
एक-एक निराली

sar par jālī
peṭ se khālī
paslī dekh
ek-ek nirālī

모라 의자 (짚으로 만든)

मोढ़ा, मूढ़ा

moṛhā, mūṛhā

모라 또는 무라라고 불리는 이 의자는 인도에서 흔히 볼 수 있는 짚으로 만든 의자이다. 앉는 의자 부분은 그물처럼 얼기설기한 짜임으로 되어있고 기둥은 텅 비어 있다. 쿠스로는 모라 의자를 사람의 몸통으로 보고, 기둥을 지탱하는 짚을 갈비뼈로 표현했다.

우리와 마찬가지로 농업 국가인 인도 역시 짚을 이용해서 다양한 생활용품을 만들었으며 현재도 시골 지역에서는 짚을 이용한 의자나 빗자루 등의 생활용품들을 흔히 볼 수 있다.

<모라>
https://commons.wikimedia.org/wiki/File:Murha_-Traditional_stool(seat)_of_Adi_people.jpg

약으로 쓰이는 꽃
여기저기 쓸모 있는 열매
황량한 곳에서 살고 있는 그것
주변의 주변을 살펴보렴

फूल तो वाका औषद सुहाए
फल सब जग के काम में आए
उज़ड़ी खोती जावे नास
जब देखों जब पास का पास

phūl to vākā auṣad suhāe
phal sab jag ke kām meṃ āe
uzaṛī khotī jāve nās
jab dekhoṃ jab pās kā pās

목화

कपास

kapās

이 수수께끼의 정답은 목화로, 아미르 쿠스로 시대에 목화가 재배되어 면직물을 사용할 수 있었던 것으로 보인다. 힌디어로 목화는 kapās이며, 쿠스로는 근처라는 뜻의 pās와 소유격 후치사 kā를 합쳐 주변'의 주변' 즉, pās 'kā pās'를 이용해 정답을 유추할 수 있도록 했다.

현재 미국과 중국 다음으로 인도에서 가장 많은 목화가 재배되고 있으며 인도에서 목화 재배가 많이 되는 곳은 구자라뜨와 마하라슈뜨라, 딸렝가나 등 검은 흙이 있는 곳이다. 특히 구자라뜨와 마하라슈뜨라 산업의 절반 이상을 목화 수입이 차지하고 있다. 목화는 하얀 금이라고 불릴 만큼 수익이 되는 작물이다. 휘색 꽃으로 면직물을 만들 수 있으며, 녹색을 띠는 노란색의 목화 열매와 뿌리는 약으로도 쓰이고 목화씨에서 기름을 짜서 쓰기도 한다.

<목화>
https://commons.wikimedia.org/wiki/File:Cotton_in_bush.jpg

좋은 일 싫은 일 모두 던져 버리고
앉아서 집중하지요
그러나 그것은 자신의 즐거움을 위해
목을 죄는 일

मीन मेख सब तज दियो
और बैठो ध्यान लगाए
अपने रस के कारने
सो आए कंठ बिधाए

mīn mekh sab taj diyo
aur baiṭho dhyān lagāe
apne ras ke kārne
so āe kaṃṭh bidhāe

낚싯대와 낚시
बंसी और मछुआरा
baṃsī aur machuārā

인도에서 물고기를 잡을 때 낚싯대나 낚싯바늘을 이용하지 않고 주로 그물로 물고기를 잡는다. 낚싯대나 낚싯바늘로 잡는 것은 옳지 못한 일이라고 믿었다. 낚시질은 단지 즐거움을 위해 물고기의 생명을 빼앗는 일이라고 보았다.

먹으러 왔다가
먹혀 버렸다네
예전부터 전해져 내려오는 말
먹어서는 안되는 것, 탐욕

आई थी भोजन करन
और भोजन हो गई आय
पिछलों सों कहती गई कि
भोजन नहीं यह पाप

āī thī bhojan karan
aur bhojan ho gaī āya
pichloṃ soṃ kahtī gaī ki
bhojan nahīṃ yeh pāp

물고기와 낚싯바늘

मछली और कांटा

machlī aur kāṃṭā

일반적으로 kāṃṭā는 나무의 가시나 뾰족한 것을 의미한다. 쿠스로는 물고기가 미끼를 보고 달려드는 것을 탐욕의 결과로 보았다.

몸에 뾰족뾰족한 가시가 돋아 있는
물에서 태어난 것
축축한 건 시장에 내다 팔고
말려서 여기저기에 쓰지

जल का उपजा देखा जल में
कांटे है वाके कल कल में
गीला हो तो हाट बिकाए
सूखे से कई काम में आए

jal kā upajā dekhā jal meṃ
kāṃṭe hai vāke kal kal meṃ
gīlā ho to hāṭ bikāe
sūkhe se kaī kām meṃ āe

물밤(워터 체스넛)

सिंघाड़ा

siṃbhāṛā

물밤은 삼각형 모양의 과일로 물 속에서 자란다. 물밤의 표면에 뿔 모양으로 삐죽 튀어나와 있는 것이 특징이다. 단맛이 나며 설탕 대신 사용하거나 갈아 그 가루로 스윗을 만들기도 한다.

<물밤>
https://hi.wikipedia.org/wiki/%E0%A4%9A%E0%A4%BF%E0%A4%A4%E0%A5%8D%E0%A4%B0:Water_chestnut.jpg
https://commons.wikimedia.org/wiki/File:Garden_lilypads.jpg

그 여인이 올 때 입이 떡 벌어지지
어떤 군인도 나른하게 만드는 여인
누군가가 금을 가지러 갔지만
금은 스스로 올 뿐

मूँह खोले जब तिरया आई
ढीले हो गए सभी सिपाही
कोई सोना लेने जाता है
वह सोना आप ही आता है

mūṃh khole jab tirayā āī
ṛhīle ho gaye sabhī sipāhī
koī sonā lene jātā hai
vah sonā āp hī ātā hai

꿈(잠)

सुपना

supnā

이 수수께끼의 정답인 졸음(nīnd, नींद)은 여성명사로 쿠스로는 여인에 비유하고 있다. 졸음을 막을 수 없는 것을 용맹한 군인조차도 피할 수 없는 것으로 수수께끼를 만들었다. 마치 아름다운 여인을 보고 놀라 입이 떡 벌어지는 것처럼 하품하는 모습을 그리고 있다. '(잠을) 자다'라는 의미의 동사 sonā(सोना)와 동음인 명사 sonā(सोना)는 금이라는 뜻을 가지고 있기 때문에 '금을 찾으러 가다'라고 중의적 해석이 가능하다.

피를 먹으며 물에 사는 것
왜 몸을 부풀릴까?
머리에 구멍이 나도
다시 그대로!

सागर बासा भोजन रक्त
फूल रहत है क्यों ?
सीस छेद जब देह लिया
फिर वह ज्यों की त्यों

sāgar bāsā bhojan rakt
phūl rahat hai kyoṃ?
sīs ched jab deh liyā
phir vah jyoṃ kī tyoṃ

거머리

जौंक

jauṃk

이 수수께끼의 정답은 거머리이다. 거머리는 물이나 땅속에 살면서 다른 동물에 붙어 피를 빨아 먹고, 피를 빨아 들이고 나면 몸이 부풀어오른다. 거머리의 몸의 일부가 잘려 나가도 재생되는 것을 보고 수수께끼를 만들었다.

거머리는 한 번에 자기 몸무게의 10배가량의 피를 빨아들이는데, 한 번 피를 빨아들이고 나면 수개월을 버틸 수 있다고 한다. 한의학에서 독을 뽑아낼 때 거머리를 이용하는 것처럼 인도 전통 의학인 아유르베다에서도 거머리가 나쁜 피를 뽑아내고 피를 깨끗하게 한다고 믿었다.

<거머리>
https://commons.wikimedia.org/wiki/File:Sucking_leech.jpg

밤에 먹고
낮에는 조용히 숨만 쉬는
요기가 요가하듯 거꾸로 매달린
그는 누구일까

रैन पड़ें भोजन करें
और दिनों फंकत है पौन
उल्टे लटक तपस्या करें जोगी
नहीं वह कौन

rain paṛen bhojan kareṃ
aur dinoṃ phaṃkat hai paun
ulṭe laṭak tapasyā Kareṃ jogī
nahīṃ vah kaun

박쥐

चिमगादड़

cimagādaṛ

쿠스로는 동굴이나 어두운 곳에 거꾸로 매달려 서식하는 박쥐를 요기라고 표현했다.

인도에서 박쥐는 일반적으로 불운을 의미한다. 특히 힌두교에서는 박쥐가 집 안에 들어오게 되면 집 안으로 불운을 끌어들여 누군가가 죽는다고 믿었다. 실제로 박쥐의 날개에 있는 박테리아는 심각한 병을 유발한다. 반면 인도의 일부 지역에서는 박쥐가 행운을 가지고 온다고 믿기도 한다. 박쥐가 사는 곳은 돈이 부족하지 않고, 그곳에 사는 사람은 풍족하게 산다고 믿었다. 일반적으로 부의 여신인 락쉬미가 부엉이를 탄다고 믿지만, 일부 지역에서는 박쥐를 타고 다닌다고 믿기도 한다. 그곳에서는 박쥐가 락쉬미 여신을 모시고 온다고 믿기 때문에 특히 락쉬미와 가네쉬 신에게 뿌자를 드리는 디왈리 축제 기간에 박쥐를 본다면 부자가 된다고 믿는다.

여인과 여인이 만나
딸을 낳았다네
그 만남이 깨어지는 것도 보았지
우리 모두 보았다네

नारी से नारी मिले
और जनम भी लेवे नारी
उस के संग की टूटती देखी
उसको देखा सारी

nārī se nārī mile
aur janam bhī leve nārī
us ke saṃg kī ṭūṭtī dekhī
usko dekhā sārī

자석

चुम्बक पत्थर

cumbak patthar

힌디어에서 자석은 여성명사이다. 자석과 자석이 부딪혀 깨어져도 다시 자성을 가지는 자석이 되는 것을 쿠스로는 여성과 여성이 만나 다시 여성을 낳는다고 비유했다. 반대로 자석의 동일한 자성을 가지고 있는 부분이 만나 서로 밀어내는 것을 만남이 깨어진다고 표현했다.

때마침 찾아온 새 한 마리
살짝 보이더니 얼른 숨어 버렸지
거짓말이 아니야
불이 붙지 않았지만 꼬리에서 빛이 나는 새

अपने समय एक पंछी आए
टुक दीखे और फिर छुप जाए
बूझ के उठयो कसम है
तुम पर-आग बिना उजियारा दुम पर

apne samaya ek paṃchī āe
ṭuk dīkhe aur phir chup jāe
būjh ke uṭhayo kasam hai
tum par āg binā ujiyārā dum par

반딧불이

जुगनू, पट बीजना, खद्योत

juganū paṭ bījnā, khadyot

쿠스로는 저녁 무렵이 되면 꼬리에 빛을 내며 날아다니는 반딧불이를 보고 새에 비유했다. 반딧불이의 꼬리에서 빛이 나지 않을 때, 반딧불이가 숨바꼭질을 하는 것처럼 수수께끼를 만들었다.

북인도의 방언인 아와디어 속담 중 '반딧불이는 멧새 집의 등불'이라는 말이 있다. 반딧불이가 빛을 비춰 주기 때문에 벌레를 잡아먹고 사는 새라도 반딧불이를 잡아먹지 않고 필요에 따라 사용한다는 것이다.

물에서도 갈증을 느꼈지
사랑하는 이와 만나지 않고
정말로 아이를 낳아버렸어
배 속 어디에 숨겨 놨던 것일까?

पानी में प्यासी रहे
और नहीं कंत से भेंट
सचमुच बच्चे देत है
कहाँ रखाया पेट

pānī meṃ pyāsī rahe
aur nahiṃ kant se bheṃṭ
sacmuc bacce det hai
kahāṃ rakhāyā peṭ

조개

सीपी

sīpī

이 수수께끼의 정답은 조개이다. 쿠스로는 물속에서 사는 조개가 입을 벌리고 있는 모습을 보고 수수께끼를 만들었다. 조개가 입을 벌리고 있는 것을 바다에 살면서도 갈증을 느끼는 모습으로 설명하고 있으며, 조개 속의 진주를 애인과 만나는 것을 본 적은 없지만 갑작스럽게 아이를 밴 여인의 모습으로 그리고 있다.

어느 여인이 입을 쩍벌리고 다가와서는
한 입에 가루를 삼켰어
그 여인이 토해 내는 순간
나는 아무것도 볼 수 없었지

एक नार मुँह बाए आए
आते ही उत ओखत खाए
जब नारी ने ली उबकाई
तो पै देखे न मोहि दिखाए

ek nār muṃh bāe āe
āte hi ut okhat khāe
jab nārī ne lī ubkāī
to pai dekhe na mohi dikhāe

대포
तोप
top

쿠스로는 여성명사인 대포를 여인의 모습에 빗대어 수수께끼를 만들었다. 대포 주둥이가 동그랗게 뚫려 있는 것을 보고 여인이 입을 벌리고 있는 모습으로 그렸고, 대포 안에 화약을 넣는 것을 가루를 삼키는 것으로, 포탄을 쏘는 것을 토해내는 것으로 설명했다. 굉음과 함께 포탄이 발사되고 나면 전부 사라져 버리는 것을 아무 것도 볼 수 없었다고 말하고 있다.

기록에 의하면 가장 먼저 화약과 포탄을 사용한 전쟁은 프랑스의 1346년 크레시(Crecy) 전투이고, 인도에서 가장 먼저 대포가 사용된 것은 1526년 빠니빠뜨 전쟁이라고 한다. 이전부터 인도에 화약을 사용한 무기가 사용되었을 수는 있으나 아미르 쿠스로가 13세기의 시인인 것을 볼 때 어떤 수수께끼는 이후에 추가되었을 가능성도 있다.

검정 벌처럼 검은 그 여인
귀 없이도 알아챌 수 있고
코 없이도 꽃향기를 맡는
원하는 만큼 쭉 길게 늘어날 수 있는 것

एक नार भौंरा सी काली
बिन कानों वह पहने वाली
बिन नाक वह सूंघे फूल
जित्ता अरज़ उत्ता तूल

ek nār bhauṃrā sī kālī
bin kānoṃ vah pahne vālī
bin nāk vah sūṃghe phūl
jittā araz uttā tūl

방패

ढाल

ḍhāl

방패는 힌디어로 여성명사로, 쿠스로는 금속으로 만들어진 검은 색의 방패를 검은 피부의 여인이라고 표현했다. 전쟁에서 방패는 적의 창이나 칼을 막기 위해 쓰는 무기이다. 적이 어디서 나타나는지 무엇을 하는지 알아야 방어할 수 있기 때문에 쿠스로는 귀가 없어도 들을 수 있고 코가 없어도 냄새를 맡을 수 있다고 설명했다. 방패로 적이 가까이에 있는지 멀리 있는지에 따라 팔을 뻗는 것을 원하는 만큼 길게 늘어난다고 표현했다.

무끄리

मुकरी

mukrī

눈을 깜빡, 얼굴도 찡끗
춤추며 뛰어다니지요
내 마음속에 데려다 놓고 싶은 그
애인이 아닌 그는?

आँख चलावे मुंह मटकावे
नाच कूद कर खेल खिलावे
मन में आवे ले जाऊं अंदर
ऐ सखि साजन ना सखि बंदर

āṃkh calāve muṃh maṭkāve
nāc kūd kar khel khilāve
man meṃ āve le jāūṃ andar
ai sakhi sājan nā sakhi bandar

원숭이
बंदर
bandar

인도에서 원숭이는 공원이나 길에서 흔히 볼 수 있는 동물 중 하나이다. 원숭이를 데리고 다니며 공연을 하기도 하는데 쿠스로는 원숭이가 사람 앞에서 재주를 피우는 사랑스러운 모습을 애인에 빗대고 있다.

인도의 원숭이 신인 하누만은 『라마야나』에서 람의 충성스러운 신하로 등장하는데, 람이 어려움에 처할 때 위기를 극복할 수 있도록 도와준다. 람의 아내인 시따가 납치되었을 때 하누만은 바다를 건너 랑까 섬으로 가기도 하고 락쉬만이 전쟁에서 큰 상처를 입었을 때 히말라야에서 약초를 가지고 오기도 한다. 인도인들에게 하누만은 불운을 막아 주는 신으로, 건강과 성공을 빌 때 찾는다. 속설 중 하나로 디왈리 축제 기간에 원숭이가 오른쪽으로 지나가는 것을 보면 부자가 된다고 한다.

<하누만 신>
https://hi.wikipedia.org/wiki/%E0%A4%9A%E0%A4%BF%E0%A4%A4%E0%A5%8D%E0%A4%B0:Hanuman_Statue_In_Haladiagada_Kendrapada.JPG

매년 비가 올 때 이곳으로 오는 그
얼굴에 얼굴을 맞대고 사랑을 나누지
그를 위해 돈을 쓰기도 하지
애인이 아닌 그는?

बरसा बरस वह देश में आवे
मुंह में मुंह लगा रस प्यावे
वा खातिर मैं खरचे दाम
ऐ सखि साजन ना सखि आम

barsā baras vah deś meṃ āve
mūṃh meṃ mūṃh lagā ras pyāve
wā khātir maiṃ kharce dām
ai sakhi sājan nā sakhi ām

망고

आम

ām

한여름 더위가 지나고 우기가 시작되면 망고가 익기 시작한다. 쿠스로는 7-8월이 제철인 망고를 우기가 되면 돌아오는 애인에 빗대었다. 망고를 먹는 모습을 얼굴과 얼굴을 맞대고 있다고 했고, 망고의 즙을 마시는 것을 'ras(रस)를 마시다'라고 표현했다. '라스'는 문자 그대로 과일의 즙을 말하기도 하고 문학이나 예술을 감상하고 느끼는 낭만적인 감정을 의미하기도 하기 때문에 여기에서는 서로 사랑을 나눈다고 번역했다.

인도에서 망고는 과일의 왕이라 불린다. 4-5세기 즈음부터 서아시아 지역에서 새배가 되었고 이후 10세기 무렵 아프리카까지 퍼진 것으로 보인다. 보통 5월부터 10월까지 재배가 가능하며 인도에서는 과일로도 먹고 우리의 김치처럼 절여서도 먹는다.

<망고>
https://ko.m.wikipedia.org/wiki/%ED%8C%8C%EC%9D%BC:D85_3037_Mango_Nam_Doc_Mai_Photographed_by_Trisorn_Triboon.jpg

밤새 내 가슴 위에 있던 그
그의 몸을 전부 느꼈다
새벽이 되어 떠나 버린 그
애인이 아닌 그는?

सगरी नैन छतियन पर राखा
रंग रूप सब वाका चाखा
भोर भई जब दिया उतार
ऐ सखि साजन ना सखि हार

sagarī nain chatiyan par rākhā
raṃg rūp sab vākā cākhā
bhor bhaī jab diyā utār
ai sakhi sājan nā sakhi hār

목걸이

हार

hār

쿠스로는 여성들이 즐겨 사용하는 장신구를 애인에 비유하곤 했다. 목걸이는 항상 몸에 지니고 있는 장신구로 쿠스로는 목걸이를 하루 종일 가슴 위에 걸고 있다가 풀어놓는 것을 새벽 녘에 떠난다고 했다.

시간이 있을 때나 없을 때나 항상 나는 그가 필요하지요
밤이건 낮이건 그는 내 곁에 있어요
내 모든 일을 그가 함께 하지요
애인이 아닌 그는?

वक्त बेवक्त मोहे वाकी आस
रात दिन वह रहत मेरे पास
मेरे मन को करत सब काम
ऐ सखि साजन ना सखि राम

vakt bevakt mohe vākī ās
rāt din vah rahat mere pās
mere man ko kart sab kām
ai sakhi sājan nā sakhi rām

람

राम

rām

쿠스로는 람을 애인처럼 어디선가 늘 지켜보고 어려울 때 함께해주는 든든한 존재라고 생각했다. 람은 힌두교에서 비슈누 신의 일곱번째 화신으로 평화와 자비, 정의의 신이라고 믿는다. 산스크리트 시인인 발미끼의 서사시 『라마야나(Rāmayaṇā)』 그리고 박띠 시인인 뚤시다스의 『람짜리뜨마나스(Rāmcaritmānas)』에서 람은 혹독한 시련 속에서도 다르마를 지키고 살아가는 이상적인 인간상으로 그려진다. 람과 시따의 사랑 이야기는 지금도 인도의 문학이나 영화, 연극, 무용, 미술 등에서 사랑받는 소재일 뿐만 아니라 동남아시아 전역에서 라마야나의 영향을 살펴볼 수 있다. 일반적으로 람을 푸른색 피부를 가지고 있는 것으로 묘사하고 있는데 신성함을 상징하기도 하지만 아리야인들이 인도에 침입하기 전 토착민의 모습으로 보기도 한다.

잠깐 반짝이는 것을 보았어요
사랑하는 이들 모두 바다에서 왔지요
밤새 그와 함께 있다 잠이 들었죠
애인이 아닌 그는?

देखत के दो घड़ी उजियारी
सब सागर से आती प्यारी
सगरी रैन मैं संग ले सोती
ऐ सखि साजन ना सखि मोती

dekhat ke do ghaṛī ujiyārī
sab sāgar se ātī pyārī
sagarī rain maiṃ saṃg le sotī
ai sakhi sājan nā sakhi motī

진주
मोती
motī

쿠스로는 진주를 애인에 비유하면서 사랑하는 사람이 바다에서 온 것처럼 수수께끼를 만들었다. 진주로 만든 장신구를 항상 몸에 지니고 있는 것을 밤새 함께 있다고 설명했다.

오래전부터 인도에서 진주가 이용되었던 것으로 보인다. 인도와 페르시아의 교역 물품 중 하나가 진주였으며, 진주는 장신구 이외에도 인도의 아유르베다에 따르면 진주를 갈아 약으로도 사용했던 것으로 보인다.

<진주>
https://commons.wikimedia.org/wiki/File:Pearls_2.jpg

몸이 무거운 그는
늘 작은 눈을 이리저리 움직이지요
나는 그의 등에 기대어 함께 잠을 청하지요
애인이 아닌 그는?

एक तो वह देह का भारू
छोटे नैन सदा मत वारू
वह पीउ मेरे सेज का साथी
ऐ सखि साजन ना सखि हाथी

ek to vah deh kā bhārū
choṭe nain sadā mat vārū
vah pīu mere sej kā sāthī
ai sakhi sājan nā sakhi hathī

코끼리

हाथी

hāthī

쿠스로는 코끼리를 듬직한 애인에 비유하고 있다. 코끼리는 육지에 사는 동물 중 가장 몸집이 크고 영리한 동물로 학습이 가능한 것으로 알려져 있다. 인도에서는 지금도 코끼리를 이용해 무거운 짐을 이동하거나 농사에 이용하기도 한다.

고대에는 왕이나 장군들이 코끼리를 타고 전쟁에 나가기도 했는데, 어떤 무기보다 훨씬 위협적이었다. 인도 신화에서 코끼리 머리와 아이의 몸을 한 가네쉬 신은 지혜를 상징한다. 가네쉬 신이 등장한 것은 2세기 즈음부터이며 굽따왕조에 들어서면서 확실하게 숭배의 대상으로 자리 잡았던 것으로 보아 코끼리는 매우 오래된 전부터 인도인들과 함께 살아온 것으로 보인다.

<가네쉬 신>
https://commons.wikimedia.org/wiki/File:Ganesh_in_the_Indian_Museum,_Kolkata.jpg

침대에 누우면 내 눈앞으로 다가온다네
침대 속으로 들어가면 나에게 즐거움이 보이지
누구에게 말할 수 있을까, 내가 얼마나 즐거웠는지
애인이 아닌 그는?

सेज पड़ी मेरे आँखों आया
डाल सेज मोहि मेज़ दिखाया
किस से कहूँ मज़ा मैं अपना
ऐ सखि साजन ना सखि सपना

sej paṛī āṃkhoṃ āyā
ḍāl sej mohi mez dikhāyā
kis se kahuṃ mazā maiṃ apnā
ai sakhi sājan nā sakhi sapnā

꿈

सपना

sapnā

쿠스로는 잠이 들어야 만날 수 있는 꿈을 애인에 빗대었다. 잠자리에 들어야 만날 수 있으며, 꿈을 꾸면서 느끼는 즐거움을 침대 속에서 애인과의 즐거움으로 그리고 있다.

어스름 저녁이 되면 그는 내게 오지요
새벽이 되면 집을 나설 거예요
가장 특별하고 아름다운 이
애인이 아닌 그는?

रात समय वह मेरे आवे
भोर भए घर से उठ जावे
यह अचरज है सब से न्यारा
ऐ सखि साजन ना सखि तारा

rāt samaya vah mere āve
bhor bhae ghar se uṭh jāve
yeh acraj hai sab se nyārā
ai sakhi sājan nā sakhi tārā

별

तारा

tārā

저녁 무렵 어두워지고 나면 별이 뜨고 해가 밝아오면 별은 사라진다. 쿠스로는 별을 어두워지면 집에 들어왔다 새벽이 되면 사라지는 애인으로 비유하고 있다.

지붕 꼭대기에 이불을 펴고
내가 잠이 들면 내 머리 위로 다가오는 그
눈을 뜨면 기쁨이 가득하지요
애인이 아닌 그는?

ऊंची अटारी पलंग बिछायो
मैं सोई मेरे सिर पर आयो
खुल गई अँखियाँ भई अनन्द
ऐ सखि साजन ना सखि चन्द

ūṃcī aṭārī palaṃg bichāyo
maiṃ soī mere sir par āyo
khul gaī āṃkhiyāṃ bhaī anand
ai sakhi sājan nā sakhi cand

달

चन्द

cand

애인을 만나기 위해 기다리는 모습을 지붕에서 달이 뜨길 기다리는 모습에 비유했다. 지붕에서 달이 뜨기 전 잠깐 잠이 들었다가 달이 뜬 것을 보고 기뻐하는 것을 애인을 만났을 때 기뻐하는 모습으로 그리고 있다.

즐겁게 웃으며 그와 놀이를 즐긴다네
내 가슴을 움켜쥐는 그
깜짝 놀란 나는 멈칫하지
애인이 아닌 그는?

हुमक-हुमक पकड़े मोरी छाती
हंस-हंस मैं वा खेल खिलाती
चौंक पड़ी जो पायो खड़का
ऐ सखि साजन ना सखि लड़का

humak-humak pakaṛe morī chātī
haṃs-haṃs maiṃ wā khel khilātī
cauṃk paṛī jo pāyo khaṛkā
ai sakhi sājan nā sakhi laṛkā

소년
लड़का
laṛkā

쿠스로는 여인이 아들과 즐겁게 노는 것을 보고 애인에 비유했다. laṛkā는 소년 또는 아들을 뜻하며, 쿠스로는 아이와 놀 때 아이가 엄마의 몸을 서스럼없이 만지는 것을 보고 애인이 여인의 몸을 만지는 것처럼 그렸다.

깜빡 잠이 든 나를 계속해서 깨워요
일어나지 않으면 다칠지도 몰라
당황해서 허둥지둥
애인이 아닌 그는?

बेर बेर सोवत ही जगावै
ना जागूं तो काटे खावै
व्याकुल हुई मैं हक्की बक्की
ऐ सखि साजन ना सखि मक्खी

ber ber sovat hī jagāvai
nā jāgūṃ to kāṭe khāvai
vyākul huī maiṃ hakkī bakkī
ai sakhi sājan nā sakhi makkhī

파리

मक्खी

makkhī

쿠스로는 애인을 사랑스러운 존재로만 보여 주지 않았다. 쿠스로는 폭력적인 애인을 파리와 모기 같은 해충에 비유하기도 했다. makkhī는 파리나 모기와 같은 해충으로, 주위를 맴도는 파리들 때문에 잠에서 깨기도 하고 모기에 물려서 상처를 입기도 한다.

푸른색이 나를 홀린다
너 없는 세상은 의미가 없구나
올라갔다 내려갔다 꼬이는 몸
애인이 아닌 그는?

हरा रंग मोहि लागत नीको
वा बिन जग लागत है फीको
उतरत चढ़त मरोरत अंग
ऐ सखि साजन ना सखि भांग

harā raṃg mohi lāgat nīko
wā bin jag lāgat hai phīko
utrat caṛhat marorat aṃg
ai sakhi sājan nā sakhi bhāṃg

방그

भंग

bhāṃg

쿠스로는 방그에 취해 있는 모습을 사랑에 빠져 있는 사람의 모습으로 그렸다. 방그는 파도와 같은 '흔들림'이나 '깨어 부수다' 또는 '망가트리다' 등의 의미 외에도 인도에서 만들어 먹는 술과 같은 환각 작용을 하는 음료를 말한다. 푸른색 방그를 많이 마시면 술에 취한 것처럼 몸을 가누지 못하거나 감정 기복이 생기는 것을 사랑에 빠진 사람으로 묘사했다.

인도에는 마하쉬브라뜨리나 홀리와 같은 축제 날이 되면 방그를 만들어 마시면서 취하는 것을 즐긴다. 마시는 것뿐만 아니라 물담배처럼 피우기도 하는데 약간의 환각 작용을 한다. 과거에는 두통에 사용하는 약초로도 사용했다.

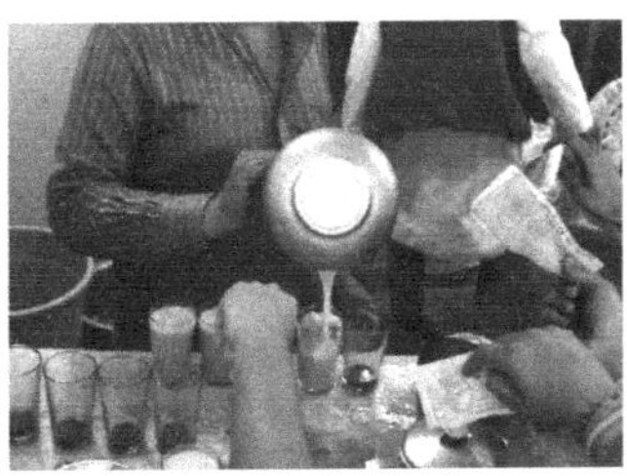

<방그 잎> <방그 주스>
https://commons.wikimedia.org/wiki/File:Bhang.jpg
https://commons.wikimedia.org/wiki/File:Bhang-and-Thandai.jpg

내 얼굴을 쓰다듬는 그
더울 때 바람을 일으키고
항상 내 안부를 듣고 싶어 하는 그
애인이 아닌 그는?

मेरा मुँह पूछे मो को प्यार करे
गरमी लगे तो बयार करे
ऐसा चाहत सुन यह हाल
ऐ सखि साजन ना सखि रूमाल

merā muṃh puche mo ko pyār kare
garmī lage to bayār kare
aisā cāhat sun yeh hāl
ai sakhi sājan nā sakhi rūmāl

손수건

रूमाल

rūmāl

rūmāl은 일반적으로 얇은 종이나 천으로, 손이나 얼굴을 닦을 때에 사용한다. 쿠스로는 더러움을 닦기 위해 문지르는 것을 사랑하는 이가 내 얼굴을 쓰다듬는다고 표현했다. 더울 때에 손수건으로 바람을 일으키기도 하는데 이것을 내 주변에서 나를 챙겨 주는 애인으로 비유했다.

알록달록 화려한 색을 가진 그
엄청난 능력을 가지고 있지
람의 찬송가 없이 절대 잠들지 않는다네
애인이 아닌 그는?

अति सुरंग है रंग रंगीलो
ओ गुणवंत बहुत चटकी लो
राम भजन बिन कभू न सोता
ऐ सखि साजन ना सखि तोता

ati suraṃg hai raṃg raṃgīlo
o guṇvant bahut caṭkī lo
rām bhajan bin kabhū na sotā
ai sakhi sājan nā sakhi totā

앵무새

तोता

totā

주로 열대지방에서 서식하는 앵무새는 알록달록 화려한 깃털을 가지고 있다. 중세부터 인도에서 사람의 말을 흉내 낼 줄 아는 앵무새는 귀한 새였다. 인도의 왕이나 귀족들이 앵무새를 키우곤 했는데 쿠스로는 앵무새를 화려하고 멋진, 능력을 가진 애인으로 보았다.

힌두교에서는 앵무새를 번영의 상징으로 여겼고, 50년 이상 사는 앵무새는 장수의 상징이기도 하다. 앵무새가 집에 있으면 부자가 된다는 속설이 있다. 인도에서는 앵무새의 화려한 깃털 색은 땅과 불, 물, 나무, 금속 등을 상징하는 것으로, 앵무새가 집에 들어오면 이런 요소들을 보충해준나고 믿었다.

당신이 흔들면 나 역시 흔들립니다
당신이 흔드는 것을 나는 좋아합니다
흔들고 흔들려도 약해지지 않습니다
애인이 아닌 그는?

आपे हिले वह मोय हिलावे
वाका हिलना मोको भावे
हिल-हिलके वह हुआ न सँखा
ऐ सखि साजन ना सखि पंखा

āpe hile vah moya hilāve
wākā hilnā moko bhāve
hil-hilke vah huā na saṃkhā
ai sakhi sājan nā sakhi pañkhā

부채
पंखा
pañkhā

pañkhā(पंखा)는 부채 같은 것이나 새의 날개를 말한다. 인도에서는 pañkhā를 천이나 공작새의 깃털로 만들어 장식의 용도로도 사용했던 것으로 보인다. hilnā(हिलना) 동사는 이리저리 움직이거나 위아래로 움직이는 동작 또는 그네를 타면서 움직이는 동작을 뜻하는데 쿠스로는 부채가 바람에 살랑살랑 흔들리는 것 또는 바람을 일으키기 위해 흔드는 것을 보고 내가 흔들기도 하고 애인에 의해 흔들리기도 한다고 했다.

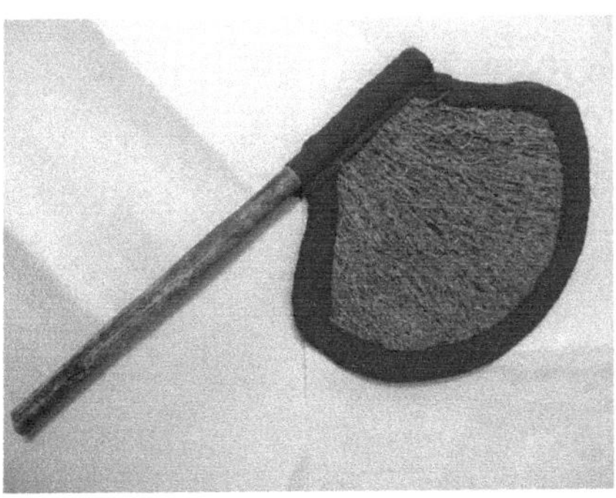

<빵카>
https://commons.wikimedia.org/wiki/File:Hand_Fan_made_of_cuscus_plant.jpg

하녀를 보내 그를 불러왔지요
벗고 있는 나에게 붙어버렸지요
나와 그는 섞여 버렸어요
애인이 아닌 그는?

लौंडी भेज उसे बुलवाया
नंगी होकर मैं लगवाया
हमसे उससे हो गया मेल
ऐ सखि साजन ना सखि तेल

laumḍī bhej use bulwāyā
naṃgī hokar maiṃ lagawāyā
hamse use ho gayā mel
ai sakhi sājan nā sakhi tel

기름

तेल

tel

인도에서 기름은 다양한 용도로 쓰인다. 음식을 만들 때뿐만 아니라 인도의 아유르베다에서 마사지와 같은 치료의 목적으로 사용했다. 쿠스로는 기름으로 마사지를 하는 것을 그와 섞이는 것이라고 에로틱하게 표현했다.

눈에서 눈을 뗄 수 없이
늘 아름다웠다
와라, 다시 내 마음의 희열이여
애인이 아닌 그는?

सोभा सदा बढ़ावन हारा
आंखों ते छिन होत न न्यारा
आए फिर मेरे मन रंजन
ऐ सखि साजन ना सखि अंजन

sobhā sadā baṛhāwan hārā
āñkhoṃ te chin hot na nyārā
āe phir mere man rañjan
ai sakhi sājan nā sakhi añjan

안잔(까잘)

अंजन

añjan

안잔은 까잘과 같은 것으로 눈을 보호하거나 아름답게 만들기 위해 사용했던 화장품이다. 쿠스로는 눈에 안잔을 칠한 것을 눈에서 떼어낼 수 없다고 표현했다.

맨발로 다니지 않게 하지요
발에 먼지가 묻지 않게 하지요
발에 입맞춤을 하지요
애인이 아닌 그는?

नंगे पांव फिरन नहिं देत
पाँव से मिट्टी लगन नहिं देत
पाँव का चूमा लेट निपूता
ऐ सखि साजन ना सखि जूता

naṃge pāṃv phiran nahiṃ det
pāṃv se miṭṭī lagan nahiṃ det
pāṃv kā cūmā leṭ nipūtā
ai sakhi sājan nā sakhi jūtā

신발

जूता

jūtā

발을 보호하기 위해 신발을 신는다. 쿠스로는 벗은 발로 다치지 않게 하고 더럽히지 않게 보호 하는 신발을 애인과 같은 존재라고 보았다. 인도에서 스승이나 높은 사람을 만났을 때의 인사 중 하나로 상대방의 발에 입을 맞추며 존경을 표하는데, 쿠스로는 신발을 신었을 때 신발과 발이 닿는 것을 애인이 내 발에 입 맞추며 인사하는 것이라고 했다.

<신발>
https://commons.wikimedia.org/wiki/File:Bridegroom_shoes_for_Indian_wedding.jpg

그 앞에서 어여쁘게 꾸미지요
그 앞에 앉으면 더없이 행복해요
그보다 더 부드러운 건 없어요
애인이 아닌 그는?

मेरा मों से सिंगार करवत
आगे बैठ के मान बढ़ावत
वाते चिक्कन ना कोई दीसा
ऐ सखि साजन ना सखि सीसा

merā moṃ se singār karwat
āge baiṭh ke mān baṛhāwat
wāte cikkan nā koī dīsā
ai sakhi sājan nā sakhi sīsā

거울
सीसा
sīsā

쿠스로는 여인이 거울 앞에 앉아서 단장을 하고 아름답게 꾸미는 것을 사랑하는 사람을 마주보고 느끼는 행복으로 그렸다.

새하얀 피부를 가졌지요
목에 금목걸이 걸고 곱슬머리를 한 그
저녁이 되면 그를 만나지요
애인이 아닌 그는?

सुरख सफेद है वाका रंग
सांझ फिरी मैं वाके संग
गले में कांठा स्याह तो गेसू
ऐ सखि साजन ना सखि टेसू

surakh saphed hai wākā raṃg
sāṃjh phiṛī maiṃ wāke saṃg
gale meṃ kāṃṭhā syāh to gesū
ai sakhi sājan nā sakhi ṭesū

팔라스 나무

टेसू

ṭesū

팔라스 나무는 인도 전역에 서식하고 있으며, 주로 붉은색의 작은 꽃을 피운다. 쿠스로는 팔라스 나무의 동글동글 작은 꽃을 곱슬머리를 한 애인으로 그렸다.

팔라스 나무 꽃은 오늘날 우따르 쁘라데쉬의 꽃으로 지정되기도 했다. 팔라스 나무의 붉은 꽃을 '숲의 불꽃'이라고 부른다. 산스크리트 시인들은 이 나무의 아름다움에 대해 많은 시를 남겼으며, 붉은 꽃을 소재로 한 민요도 다수 있다.

팔라스 나무는 힌두교에서 신성하게 여겨지는 나무로 베다에서는 이 나무를 잘라서 브라흐민 꺼미르를 처벌했다고 한다. 고대부터 홀리 축제에 쓰이는 붉은색 염료를 이 꽃에서 추출했다. 꽃을 갈아서 얼굴에 바르거나 목욕할 때 넣기도 했고 씨앗은 약으로도 쓰인다.

<팔라스 나무 꽃>
https://hi.wikipedia.org/wiki/%E0%A4%9A%E0%A4%BF%E0%A4%A4%E0%A5%8D%E0%A4%B0:Palash_Tree.jpg

조금씩 조금씩 내 몸의 활기를 가져가 버리지요
나는 그를 막을 수 없다네
천천히 뼈만 남게 되었지
애인이 아닌 그는?

टप-टप चूसत तन को रस
वापे नहीं मेरा वस
लत-लत के मैं हो गई पिंजरा
ऐ सखि साजन ना सखि जरा

ṭap-ṭap cūsat tan ko ras
wāpe nāhīṃ merā vas
lat-lat ke main ho gaī pinjarā
ai sakhi sājan nā sakhi jarā

노화

जरा(बुढ़ापा)

jarā(buṛhāpā)

수수께끼의 정답은 노화를 뜻하는 페르시아어 jarā(जरा) 또는 힌디어인 buṛhāpā(बुढ़ापा)이다. 태어나서 늙고 죽는 것은 신이 아닌 인간만이 겪는 과정이다. 1행에서 사랑하는 사람과 함께하면서 활기를 나누는 것을 쿠스로는 젊은 시절의 생명력과 활기가 사라져 버리는 노화의 과정으로 보았다.

집에서 나를 지켜보다
시끄러운 소리와 함께
마치 공처럼 튀어 내려왔지
애인이 아닌 그는?

मेरे घर में दीनी सेंद
ढुलकत आवे जैसे गेंद
वाके आए पड़त है शोर
ऐ सखि साजन ना सखि चोर

mere ghar meṃ dīnī send
ḍhulkat āve jaise gend
wāke āe paṛat hai śor
ai sakhi sājan nā sakhi cor

도둑

चोर

cor

쿠스로는 애인이 숨어있다 깜짝 놀래키는 것을 도둑이 집주인 몰래 숨이있다 튀어나오는 것에 비유했다.

반짝반짝 지혜로운 머리를 가졌어요
튼튼한 허벅지 덕에 행복하지요
매우 힘이 센,
애인이 아닌 그는?

धमक चढ़ै सुध-बुध सिरावै
दवात जांघ बहुत सुख पावै
अति बलवंत दिनन का थोड़ा
ऐ सखि साजन न सखि घोड़ा

dhamak caṛhai sudh-budh sirāvai
dawāt jāṃgh bahut such pāvai
ati balvant dinan kā thoṛā
ai sakhi sājan nā sakhi ghoṛā

말

घोड़ा

ghoṛā

이상적인 애인, 남편은 지혜롭고 건강한 사람일 것이다. 쿠스로는 지혜로운 두뇌와 튼튼한 허벅지를 가지고 있는 말을 애인에 비유했다.

그 없이 만족할 수 없다네
그는 나의 갈증을 해결해 주지
그는 햇빛처럼 반짝거린다네
애인이 아닌 그는?

वा बिन मो को चैन न आवे
वह मेरी तिस आन बुझावे
है वह सब गुन बारह बानी
ऐ सखि साजन ना सखि पानी

wā bin mo ko cain na āve
vah merī tis aan bujhāve
hai vah sab gu bā rah bānī
ai sakhi sājan nā sakhi pānī

물

पानी

pānī

쿠스로는 사람에게 꼭 필요한 물을 애인에 비유했다. 물을 마시지 못하면 살 수 없고 어떤 것도 물을 대신할 수 없다. 물이 햇빛에 반짝거리는 것을 애인을 볼 때 눈이 부시는 것처럼 표현했다.

그는 여덟 개의 손개락을 가졌지요
몸통에는 갈비뼈가 없어요
머리가 헝클어진 스승의 제자이지요
애인이 아닌 그는?

आठ अंगुल का है वह असली
उसके हड्डी न उसके पसली
लटाधारी गुरु का चेला
ऐ सखि सान न सखि केला

āṭh aṃgul kā hai vah aslī
uske haḍḍ!ī na uske paslī
laṭādhārī guru kā celā
ai sakhi sājan nā sakhi kelā

바나나
केला
kelā

쿠스로는 바나나를 애인의 신체에 비유했다. 바나나 한 송이를 8개의 손가락이 연결된 것으로, 씨가 없는 바나나를 갈비뼈가 없는 사람으로 묘사했다. 그리고 바나나 나뭇잎이 늘어져 있는 것을 헝클어진 머리를 한 스승으로 그리고 그 아래 달린 바나나를 스승을 따르는 제자로 표현했다.

인도에서 가장 오랫동안 사랑받고 사시사철 먹을 수 있는 과일은 바나나일 것이다. 바나나를 생으로만 먹는 것이 아니라 남부 인도에서는 요리에도 사용하고 바나나 잎을 그릇처럼 이용하기도 한다.

<바나나 나무와 바나나> <뗄루구의 바나나 잎 접시>
https://commons.wikimedia.org/wiki/File:Kela_%28Hindi-_%E0%A4%95%E0%A5%87%E0%A4%B2%E0%A4%BE%29_%28505790949%29.jpg
https://commons.wikimedia.org/wiki/File:Prasadam_on_banana_leaves.jpg

그는 나를 부끄럽지 않게 하지요
전부 그가 해 준 것이에요
뒤에서 내 벗은 몸을 지켜보지요
애인이 아닌 그는?

वाकी मोको तनिक न लाज
मेरे सब वह करत है काज
मुड़ से मोको देखत नंगी
ऐ सखि साजन न सखि कंघी

wākī moko tanik na lāj
mere sab vah karat hai kāj
muṛ se moko dhekhat nañgī
ai sakhi sājan nā sakhi kaṃghī

빗
कंघी
kañghī

쿠스로는 빗을 애인에 비유하면서 나를 부끄럽지 않게 헝클어진 머리를 정돈해준다고 설명하고 있다. 그리고 빗질을 할 때 빗이 몸의 뒤편에 있는 것을 쿠스로는 벗은 몸을 뒤에서 지켜보는 것처럼 표현했다.

숲에 살고 있는 그는 비스듬히 서 있었다
내 뒤에 누워서 볼 수 있었다
그 없이 나는 어땠을까
애인이 아닌 그는?

बन में रहे वह तिरछी खड़ी
देख सके मेरे पीछे पड़ी
उन बिन मेरा कौन हवाल
ऐ सखि साजन न सखि बाल

ban meṃ rahe vah tirchī khaṛī
dekh sake mere pīche paṛī
un bin merā kaun hawāl
ai sakhi sājan nā sakhi bāl

머리카락

बाल

bāl

쿠스로는 머리카락을 애인에 비유했다. 풍성한 머리카락을 숲이라고 표현했고, 뒤통수에 있는 머리카락을 마치 뒤에서 지켜보고 있는 애인인 것처럼 수수께끼를 만들었다.

니스바뜨

निस्बत

nisbat

왕과 닭은 무슨 관계가 있을까요?

बादशाह और मुर्ग में क्या निस्बत हैं ?

bādśāh aur murg meṃ kyā nisbat haiṃ ?

왕관/벼슬

ताज

tāj

명사 tāj(ताज)은 머리에 쓰는 장신구를 말한다. 쿠스로는 왕이 쓰는 왕관과 닭의 벼슬을 의미하는 tāj로 왕과 닭의 관계를 설명하고 있다. tāj는 인도에서 무슬림 여자 이름으로 쓰이기도 하는데, 우리가 잘 알고 있는 따즈마할의 주인이 뭄 따즈 왕비이다.

사람과 밀(wheat)은 무슨 관계가 있을까요?

आदमी और गेहूँ में क्या निस्बत हैं ?

ādmī aur gehūṃ meṃ kyā nisbat haiṃ ?

머리카락/줄기

बाल

bāl

bāl(बाल)은 남성명사로 두 가지 뜻을 가지고 있다. 사람의 머리카락이나 짐승의 털을 의미하기도 하고 밀이나 옥수수와 같은 작물들의 길쭉한 줄기를 bāl이라고 하기도 한다.

귀걸이와 나무에는 무슨 관계가 있을까요?

गहने और दरख़्त में क्या निस्बत हैं ?

gahane aur darkht meṃ kyā nisbat haiṃ ?

장신구/잎

पत्ता

pattā

남성명사 pattā(पत्ता)는 귀걸이나 목걸이와 같은 장신구를 말하기도 하고 나무의 잎을 의미하기도 한다.

<장신구와 나뭇잎>
https://ko.wikipedia.org/wiki/%ED%8C%8C%EC%9D%BC:Catalpa_bignonioides%27s_leaf_in_Korea.JPG
https://commons.wikimedia.org/wiki/File:Gold-jewellery-jewel-henry-designs-terabass.jpg

집과 곡물에는 무슨 관계가 있을까요?

मकान और अनाज में क्या निस्बत हैं ?

makān aur anāj meṃ kyā nisbat haiṃ ?

처마 장식/조

कंगनी

kañgnī

여성명사 kañgnī(कंगनी)는 집의 지붕 또는 천장 아래의 장식을 위해서 색색깔의 줄을 길게 연결하거나 무늬를 새기는 것 또는 조와 같은 곡물을 말한다. 쿠스로는 집과 곡물의 관계를 kañgnī에서 찾았다. 조는 인도에서 많이 사용되는 곡물 중 하나로 인도의 간식거리 중 하나인 스윗을 만드는 재료로도 널리 쓰이고 있다.

말(馬)과 글자에는 무슨 관계가 있을까요?

घोड़े और हरफ़ों में क्या निस्बत हैं ?

ghoṛe aur harphoṃ meṃ kyā nisbat haiṃ ?

말의 코 윗쪽 얼굴/점
नुक्ता nuktā
고삐/러로 시작하는 글자들
लाभ lābh

말과 글자에 관련된 동음이의어가 두 개 있다. 하나는 먼저 말의 코 위쪽 얼굴의 둥근 부분 또는 아랍-페르시아 단어 중 아랫부분에 찍는 점을 nukttā(नुक्ता)라고 한다. 두번째 동음이의어는 lābh(लाभ)이다. 이것은 말에 사용하는 고삐와 같은 도구나 페르시아어 중 [l](ल) 음절로 시작하는 단어를 말한다.

포목상과 열매에는 무슨 관계가 있을까요?

बज़ाज़ और फल में क्या निस्बत हैं ?

bazāz aur phal meṃ kyā nisbat haiṃ ?

천 원단/카람볼라 열매

कमरख

kamrakh

kamrakh(कमरख)는 옷감의 한 종류나 카람볼라를 말한다. 포목상과 열매의 관계는 kamrakh를 팔고 있는 포목상과 카람볼라의 열매를 의미한다. 면이나 마를 아주 얇게 만든 천으로 페르시아어에서 이 천을 kimrikh라고 사용하는 것을 보면 당시에도 페르시아와 충분한 교역이 있었음을 알 수 있다. 또한 카람볼라 열매는 스리랑카와 인도, 말레이시아가 원산지이며 스타프루트라고도 부른다. 시큼한 맛이 나는데 인도에서는 피클이나 약용 또는 염색할 때 사용한다.

스윗 장수와 포목상에는 무슨 관계가 있을까요?

हलवाई और बज़ाज में क्या निस्बत हैं ?

halwāī aur bazāz meṃ kyā nisbat haiṃ ?

반죽/반짝이
कुंद(कंद)
kund(kand)

스윗을 만들 때에 여러가지 곡물이나 가루를 으깨어 섞은 반죽을 페르시아어로 kund(कुंद) 또는 kand(कंद)라고 하고, 옷감을 반짝거리게 만들기 위해서 직공들이 나무판 위에 옷감을 올리고 나뭇가지로 내리치는 기술 역시 kund라고 말한다.

집과 옷에는 무슨 관계가 있을까요?

मकान और कपड़े में क्या निस्बत हैं ?

makān aur kapṛe meṃ kyā nisbat haiṃ ?

나무 기둥/옷감

लट्ठा

laṭṭhā

인도에서 집의 골조를 만들 때 사용하던 목재를 laṭṭhā(लट्ठा)라고 하고, laṭṭhā(लट्ठा)라고 하는 옷감의 종류도 있다.

망고와 순무와 옷에는 무슨 관계가 있을까요?

आम या शलज़म और कपड़े में क्या निस्बत हैं ?

ām yā śalzam aur kapṛe kyā nisbteṃ haiṃ ?

심줄/무늬

जाली

jālī

jālī(जाली)는 과일이나 야채 속에 들어 있는 심줄이나 인도 전통 문양으로 옷감이나 건물의 창틀에 넣는 기하학적인 무늬를 의미한다. 망고나 순무의 속에 질긴 심줄과 옷에 그려진 무늬의 관계를 jālī에서 찾았다. 반복적으로 새겨진 그물 모양이나 기하학적인 무늬를 힌두 사원이나 이슬람 사원의 바닥에서 흔히 볼 수 있다.

<기하학적인 무늬>
https://en.wikipedia.org/wiki/File:Mosque_of_Sidi_Sayed_Jaali.JPG

긴 셔츠와 나무에는 무슨 관계가 있을까요?

अंगरखे और पेड़ में क्या निस्बत हैं ?

añgarke aur peṛ meṃ kyā nisbat haiṃ ?

덧대는 천/싹

कली

kalī

kalī(कली)는 옷에 덧대는 천으로 삼각형이나 사각형 천을 이음새마다 연결해서 옷을 좀 더 편하게 입을 수 있도록 만드는 것이다. 그리고 꽃이나 나무의 어린 싹인 '눈'을 의미한다. añgarkhā는 남성들이 입는 무릎까지 내려오는 긴 셔츠를 말하는데 쿠스로는 긴 셔츠에 덧댄 천과 어린 싹의 관계를 kalī에서 찾았다.

도 스쿠네

दो सुखने

do sukhne

왕이 목마른 이유는?
당나귀가 슬픈 이유는?

राही प्यासा क्यों ?
गधा उदासा क्यों ?

rāhī pyāsā kyoṃ ?
gadhā udāsā kyoṃ ?

물병이 없어서 돌아가지 않아서

लोटा न था।

loṭā na thā

loṭā(लोटा)는 흙으로 만든 둥근 물병과 '돌아가다'라는 뜻의 동사 loṭnā(लोटना)의 완료 분사와 동음이의어이다. 왕이 목이 마른 이유는 물병이 없어서이고, 당나귀가 슬픈 이유는 집으로 돌아가지 않고 계속 일을 했기 때문이다.

빵이 왜 말라 버렸을까?
마을이 왜 황폐하게 되었을까?

रोटी क्यों सूखी ?
बस्ती क्यों उजड़ी ?

roṭī kyoṃ sūkhī ?
bastī kyoṃ ujṛī ?

먹지 않아서
해자가 없어서

खाई न थी।

khāī na thī

khāī(खाई)는 '먹다'라는 뜻을 가진 동사 khānā(खाना)의 완료형은 전쟁에 대비해 만든 해자를 의미하는 khāī(खाई)와 동음이다. 여기에서 빵이 말라 버린 이유는 먹지 않았기 때문에 그리고 마을이 황폐한 이유는 해자가 없어서 전쟁에 졌기 때문이다.

시따르 연주를 하지 않는 이유는?
여인이 씻지 않는 이유는?

सितार क्यों न बजा ?
औरत क्यों न नहाई ?

sītār kyoṃ na bajā ?
aurat kyoṃ na nahāī ?

무대가 없어서 천막이 없어서

पर्दा न था।

pardā na thā

무대를 의미하는 pardā(पर्दा)는 천막을 뜻하기도 한다. 연주를 할 만한 무대가 없어 시따르를 연주 할 수 없고, 가림막이 될 만한 천막이 없어서 여인이 씻을 수 없다.

아미르 쿠스로는 음악에도 깊은 조예가 있었다. 수피 찬송가를 만들기도 했는데, 이 찬송가는 오늘날까지 전해진다.

집이 어두운 이유는?
수도승이 화가 난 이유는?

घर क्यों अंधियारा ?
फ़कीर क्यों बिगड़ा ?

ghar kyoṃ aṃdhiyārā ?
phakīr kyoṃ bigaṛā ?

촛불이 없어서 주지 않아서

दिया न था।

diyā na thā

이 수수께끼에서 diyā(दिया)는 촛불이라는 의미와 '주다'라는 뜻을 가진 동사 denā(देना)의 완료형 두 가지로 볼 수 있다. 집이 어두운 것은 촛불이 없어 밝힐 수가 없기 때문이고, 수도승이 화가 난 이유는 수도승이 수도를 위해 구걸을 하는데 시주를 '주지' 않았기 때문에 화가 난 것이다.

요기가 왜 도망가나요?
작은 북은 왜 울리지 않나요?

जोगी क्यों भागा ?
ढोलकी क्यों न बजी ?

jogī kyoṃ bhāgā ?
ḍholkī kyoṃ a bajī ?

오두막 집이 없어서 (가죽이) 덮히지 않아서

मढ़ी न था।

maṛhī na thā

maṛhī(मढ़ी)에는 두 가지 의미가 있다. 여성명사로 오두막집처럼 아담한 집을 뜻하기도 하고 '덮다' 또는 '씌우다'라는 뜻을 가진 동사 maṛhnā(मढ़ना)의 완료 분사 형태이기도 하다. 요기가 도망을 가는 이유는 머무를 집이 없기 때문이고 ḍholkī(ढोलकी)라고 불리는 작은 북이 울리지 않는 이유는 북이 가죽으로 덮혀 있지 않아서 칠 수가 없기 때문이다.

술에 취한 사람이 왜 울고 있나요?
보초는 왜 잠을 자나요?

पोस्ती क्यों रोया ?
चौकीदार क्यों सोया ?

postī kyoṃ royā ?
caukīdār kyoṃ soya ?

미치지 않아서 근무시간이 아니라

अमल न था।

amal na thā

amal(अमल)의 의미 중 하나는 '(약이나 술에) 취하다'로 술이나 약에 취한 사람을 postī(पोस्ती)라고 한다. 쿠스로는 취한 사람이 울고 있는 것을 제정신이 돌아왔기 때문에 울고 있다고 했다. amal의 두 번째 의미는 '일을 하는 것' 또는 '활동을 하는 것'으로 보초는 근무시간이 지났기 때문에 잠을 자고 있었던 것이다.

밥을 왜 먹지 않나요?
옷을 왜 빨지 않나요?

खाना क्यों न खाया ?
जामा क्यों न धुलवाया ?

khānā kyoṃ na khāyā ?
jāmā kyoṃ na dhulwāyā ?

어울리지 않아서
더럽지 않아서

मेल न था।

mel na thā

mel(मेल)에는 여러 뜻을 가지고 있다. 모임이나 집회 등 만남, 하나로 통합되는 것 그리고 오염이라는 뜻이 있다. mel이 먹다라는 뜻의 동사 'khānā'(मेल खाना)와 함께 '조화를 이루다'라는 의미로 사용되기도 한다.

여기에서 쿠스로가 음식을 먹지 못한 이유는 누군가를 만나지 못해서이고, 옷을 빨지 않은 이유는 더럽지 않기 때문이다.

다히는 왜 굳지 않나요?
하인을 왜 두지 않나요?

दही क्यों न जमा ?
नौकर क्यों न रखा ?

दही क्यों न जमा ?
नौकर क्यों न रखा ?

효소가 없어서 돈이 없어서

जामिन न था।

jāmin na thā

jāmin(जामिन)에는 두 가지 의미가 있다. 다히를 만들기 위해서 우유에 넣는 효소를 자민이라고 하고, 후원 또는 다른 사람의 보증을 위한 돈이나 증서 역시 자민이라고 한다.

다히를 만들기 위해서 자민을 넣지 않았기 때문에 우유가 응고되지 않는 것이고 하인에게 줄 만한 돈이 없기 때문에 하인을 집에 둘 수가 없었다.

궁전에서 왜 노래 부르지 않나요?
땅 위에 왜 앉지 않나요?

दरबार क्यों न गाए ?
ज़मीन पर क्यों न बैठे ?

darbār kyoṃ na gāe ?
zamīn par kyoṃ na baiṭhe ?

보초가 없어서
네 발 의자가 없어서

चौकी न थी।

caukī na thī

caukī(चौकी)는 집을 지키는 보초와 네 발이 달린 낮은 의자, 두 가지 의미가 있다. 궁전을 지키는 보초가 없기 때문에 궁전에서는 노래를 부르거나 공연 등의 행사를 하지 못하는 것이고, 땅에 앉지 못하는 것은 의자가 없기 때문이다.

사모사를 왜 먹지 않지요?
신발을 왜 신지 않나요?

संबोसा क्यों न खाया ?
जूता क्यों न चढ़ाया ?

sambosā kyoṃ na khāyā ?
jūtā kyoṃ nā caṛhāyā ?

튀기지 않아서 밑창이 없어서

तला न था।

talā na thā

talā(तला)에는 두 가지 뜻이 있다. talā 또는 talāī는 기름에 튀긴 음식을 말하기도 하고 신발의 밑창을 의미하기도 한다. 쿠스로는 기름에 튀지기 않아서 사모사를 먹지 못하고, 밑창이 없어서 신발을 신을 수 없다고 했다.

<사모사>
https://commons.wikimedia.org/wiki/File:Chamu%C3%A7as.jpg

인도의 대전환 총서 007
인도의 수수께끼

초판 인쇄 2019년 10월 24일
초판 발행 2019년 10월 31일

지은이 아미르 쿠스로
옮긴이 이지현
발행인 김인철
총괄 · 기획 가정준 Director, University Knowledge Press
편집장 신선호 Executive Knowledge Contents Creator
기획 · 물류 이현진 Planning Expert
사전 · 도서편집 정준희 Contents Creator
전자책 · 도서편집 장혜린 Contents Creator
도서편집 이병철 Contents Creator
이근영 Contents Creator
장혜린 Contents Creator
재무관리 강현주 Managing Creator
발행처 한국외국어대학교 지식출판콘텐츠원
02450 서울특별시 동대문구 이문로 107
전화 02)2173-2493~7
팩스 02)2173-3363
홈페이지 http://press.hufs.ac.kr
전자우편 press@hufs.ac.kr
출판등록 제6-6호(1969. 4. 30)
디자인 · 편집 (주)이환디앤비 02)2254-4301
인쇄 · 제본 ㈜트윈벨미디어 02)2088-1810

ISBN 979-11-5901-595-3 03270 정가 20,000원

*잘못된 책은 교환하여 드립니다.

HUINE은 한국외국어대학교 지식출판콘텐츠원의 어학도서, 사회과학도서, 지역학도서 Sub Brand이다. 한국외대의 영문명인 HUFS, 현명한 국제전문가 양성(International +Intelligent)의 의미를 담고 있으며, 휴인(携引)의 뜻인 '이끌다, 끌고 나가다'라는 의미처럼 출판계를 이끄는 리더로서, 혁신의 이미지를 담고 있다.